悦探·悦思·悦成长

幼儿园快乐主题探究游戏案例

黄建荣 / 主编

中国出版集团 现代出版社

图书在版编目（C I P）数据

悦探·悦思·悦成长 ：幼儿园快乐主题探究游戏案例 / 黄建荣主编. -- 北京 ：现代出版社，2024.3
ISBN 978-7-5231-0769-0

Ⅰ. ①悦… Ⅱ. ①黄… Ⅲ. ①游戏课－教案（教育）－学前教育 Ⅳ. ①G613.7

中国国家版本馆CIP数据核字（2024）第048612号

作　　者　黄建荣
责任编辑　吴永静

出 版 人　乔先彪
出版发行　现代出版社
地　　址　北京市安定门外安华里504号
邮政编码　100011
电　　话　(010) 64267325
传　　真　(010) 64245264
网　　址　www.1980xd.com
印　　刷　北京政采印刷服务有限公司
开　　本　710mm × 1000mm　1/16
印　　张　14.5
字　　数　241千字
版　　次　2024年 3 月第1版　2024年 3 月第1次印刷
书　　号　ISBN 978-7-5231-0769-0
定　　价　68.00元

编委会

前言

近年来，游戏成为幼儿教育界的高频词汇，游戏促进儿童发展的作用不言而喻。重视游戏价值，推崇游戏精神，越来越成为学前教育领域重要的研究方向。然而在学前教育一线实践中，尽管幼儿园课程改革开展了一轮又一轮，但游戏对于学前教育的价值似乎总是难以落地。许多幼儿还是徘徊于深度游戏的大门外。这主要是受各学科对游戏的不同理解的影响，使得幼教界许多人只会背诵游戏理论的一般特性，而没有充分关注幼儿园游戏本身的特点。幼儿园游戏不同于通常意义上的游戏，如同幼儿教育不同于中小学教育和高等教育。目前，我国的大多数幼儿园把游戏理解为自由活动，把它限定在特定时间（如每天一小时或两小时）和特定空间（如操场或教室的区角）里；而幼儿园的教学则是通过主题活动，主要是集体教学活动来完成。这就导致了游戏没有、也不可能成为幼儿园教育的基本活动，同时，也不可避免地出现幼儿园教育小学化的倾向。

现如今，幼儿园的课程多种多样，都有各自的教育理念和所依据的理论。然而，不论是哪种课程，都要遵循幼儿教育的规律，尊重及发展儿童的天性。而游戏就是儿童的天性，它既是儿童的本能，也是儿童的权利。就世界幼教发展的趋势和现状来说，绝大多数国家的幼儿教育都将游戏作为幼儿园的主要活动。在我国一系列教育文件中，如《幼儿园保育教育评估指南》明确地指出幼儿园“以游戏为基本活动”，《幼儿园工作规程》明文指出幼儿园教育“以游戏为基本活动，寓教育于各项活动之中”，《3—6岁儿童学习与发展指南》同样明确指出“幼儿的学习是以直接经验为基础，在游戏和日常生活中进行的。要珍惜游戏和生活的独特价值”。因此，游戏既是幼儿教育的手段，又是幼儿发展自身能力的需求。认识到这一点，教师应从幼儿的经验、能力、兴趣、需要出发，以主题课程为背景，将各个领域的学习与游戏相结合，利用游戏的力量满足幼儿游戏和学习的需要，促进每个幼儿富有个性地发展。

当我们强调“游戏”时，既不是要否认教师的重要性，也不是说教育不需要任何预设。相反，我们强调的是如何用更符合幼儿学习的方式开展学习活动。因此，当我们谈到课程的游戏化时，我们并不是在说不再重视教学，更不是说不需要设定教育目标，而是在探讨如何在给予幼儿一定发展空间的同时，更合理地组织和安排幼儿园一日的教育活动。在幼儿的游戏中，教师的科学参与和良性的师幼互动能有效落实教育内容。教师的首要工作是认识、关注、研究儿童的兴趣及成长需求，并在教育实践中找到“幼儿导向活动”和“教师导向活动”之间的平衡点。瑞吉欧教育采用了“让儿童的学习看得见”和“让教师的教学有意义”的方式，倡导教师通过观察、记录、对话和学习案例的方式来解读儿童及教育过程。在教育实践中，每位教师都扮演研究者的角色，通过观察和解释幼儿的行为和思维，编制教学案例，反思和改进自己的教育行为。

幼儿园游戏活动案例展现了教师记录游戏活动的过程，展示了幼儿在游戏中学习的教育故事，这种记录有助于教师进行自我反思，从而更好地对幼儿进行高质量教学。主题探究游戏的主题是教师根据幼儿的兴趣和经验自发生成的，教师通过创造并提供适合的环境条件，引导和支持幼儿积极参与游戏。在游戏过程中，幼儿与环境充分互动，满足游戏的需求，享受自主探索的乐趣，并获得有益的经验。在幼儿园教育教学实践中，收集、整理和积累典型、优秀的游戏活动案例具有重要的意义。其意义可以通过以下三个方面来展现：

一是课程开发和实践。随着幼儿园游戏活动的实践和开展，教师随时对其进行收集并将之整理成游戏活动案例，逐步形成一个游戏活动案例库，这是幼儿园课程资源建设中的一个重要环节和基本任务。这些案例本质上是叙述幼儿的在园生活，既是对学前教育实践的生动记录，也是对经验的总结和分享。这个案例库可以为教师提供丰富的教育案例，以启发和指导他们的教学实践，使其教育实践更富创造性、多样性和针对性。

二是专业发展和学习。游戏活动案例的整理和分享有助于幼儿园教师的专业发展。教师可以通过学习他人的成功经验，了解更多教育方法和策略，不断提升自己的教育水平。这种专业发展是一个不断学习和成长的过程，有助于提高教师的教育素养。

三是家园合作和家长参与。游戏活动案例的分享还可以加强家园合作，鼓励家长更多地参与幼儿的教育。通过分享教育案例，家长可以更好地了解幼儿在园内的学习和成长情况，与教师更密切地合作，共同关注幼儿的需求和兴趣。

教育的本质是实现人的全面发展，确保人们在学习过程中快乐而健康地成长。在这个背景下，主题探究游戏活动案例集的出现，成为实现这一目标的重要工具。无论是建立课程资源及体系，还是提高教师的专业水平和能力，案例集的最终目标都是让幼儿在游戏的乐趣中快乐学习、健康成长。在编写本书的过程中，我们遵循了关于如何完善主题探究游戏活动案例集的三项重要原则。

第一，主题探究游戏活动案例集的建设应当贯彻幼儿保教理念和原则。这意味着要将“以游戏为基本活动”作为核心理念，摆脱不良的“小学化”倾向，确保教育工作能更符合幼儿身心发展的规律和特点。这一建议的关键在于，案例集应该展示如何以游戏的方式让幼儿学习，使幼儿的成长更加自然和愉快。

第二，主题探究游戏活动案例集的核心之一是鼓励和强调幼儿在游戏中的自主学习。这是因为游戏是一种独特的学习方式，它为幼儿提供了自由探索的机会，允许他们以自己的节奏和兴趣进行学习。在这个过程中，教师的角色不再是传统的知识传授者，而更像是一位指导者和观察者。在这种情境下，幼儿可以自由地选择他们感兴趣的游戏，根据他们的好奇心和需求来探索不同的主题。这种自主性激发了幼儿的内在动机，使幼儿对学习充满热情。而正是这种内在动机，使得幼儿更容易保持专注和深入参与，从而更有效地获取知识和技能。因此，案例集的内容应强调如何创建一个学习环境，鼓励幼儿提出问题、寻找答案，并通过实验和互动来发展幼儿的思维和解决问题的能力。这样的学习方式培养了幼儿的批判性思维和创造性思维，使他们能够更好地应对现实生活中的各种挑战。

第三，案例集紧紧聚焦幼儿的生活场景和生活经验，确保幼儿的学习与他们的日常生活紧密联系。这是实现全人发展的教育目标的关键原则，通过真实的生活体验，幼儿将获得全面的发展。为了达到这一目标，教育者必须深入理解幼儿的生活场景，善于发现幼儿感兴趣的事物和问题，将这些元素融入教学中，并充分挖掘和利用现实生活中的教育资源，开展具有多样性、趣味性、探究性的活动。这样的方法有助于构建一个有机的学习环境，为幼儿提供多样化的学习机会。了解幼儿的生活经验非常重要，因为这些经验构成了他们的认知框架。将课程与幼儿的实际经历联系起来，能使他们更容易理解和吸收新知识。本案例集的主题涵盖设施利用、种植、搭建、传统文化、手工以及合作，不仅让幼儿了解了生存与环境的相关知识，还有助于培养幼儿的社会责任感、动手能力，以及人与人之间、人与环境之间的和谐发展。

总之，主题探究游戏活动案例集是一项重要资源，旨在支持幼儿的快乐学习和健康成长。通过这本案例集，我们贯彻保教理念，强调自主学习，以及关注幼儿的生活和实践。此外，项目式实践课程为幼儿提供了更多的机会，促进其积极参与学习和发展。

在接下来的章节中，我们将提供一系列关于幼儿园游戏活动的案例，这些案例覆盖了不同的年龄段、主题和教育目标。每个案例都会详细描述游戏活动的背景、过程和取得的成果，以及教师的反思和展望。我们希望这些案例可以为幼儿园教师、教育研究者和家长提供有益的参考，激发更多关于幼儿教育的思考和讨论。

毫无疑问，本书是集体智慧的结晶，是奋斗在幼儿园一线教师的成果。我们要由衷地感谢各位游戏案例的撰写者，他们是这本案例集的灵魂和推动力量。因为有了他们的专业知识和执着付出，我们才能够呈现出这本主题探究游戏活动案例集。每一个深刻的游戏案例都凝聚了一位老师对教育的专业见解。教师们的努力和奉献不仅丰富了本案例集的内容，也为幼儿和研究者提供了宝贵的学习资源。教师们的研究和洞察力将有助于拓宽我们对幼儿游戏课程的理解，从而有助于推动学前教育游戏理论研究领域的不断发展。再次感谢每一位老师，你们的杰出工作为这本案例集注入了生命和深度。愿以这本书为契机，继续激发更多对主题探究游戏的热情关注和深入研究，为学前教育领域带来新的启发和发展。

通过分享这些游戏活动案例，我们可以更好地理解和实践幼儿教育的核心理念，让幼儿在快乐、探究和合作的氛围中茁壮成长，为未来的成功打下坚实的基础。希望这个案例集能够成为广大教育工作者和家长的有用工具，共同为幼儿的成长和发展创造更好的机会和条件。在接下来的部分，我们将逐一呈现不同主题和情境下的游戏活动案例，以便更全面地展示主题探究游戏在幼儿园中的教育实践。

黄建荣　肖　文

2023年10月

目录

设施巧利用

种植新体验

动手齐搭建

探寻民俗情

设施巧利用

快乐沙池

新丰县第四幼儿园　丘文静　郑雪球　李秀娟

一、游戏背景

《3—6岁儿童学习与发展指南》的说明中指出：“孩子的学习是以直接经验为基础，在游戏和日常生活中进行的。”并且要求孩子每天的户外活动时间不少于两小时，教师要为孩子创造自由探索的环境。我们要充分利用身边的环境资源，让孩子在游戏中得到发展。

沙与水是低结构的自然物，既有流动性，又有可塑性，能带给孩子丰富的感官体验。其变化多端的形态以及丰富多彩的玩法极大地满足了孩子的游戏需求。同时，孩子在操作过程中能充分发挥自己的想象力、创造力并增强动手能力。在日常的活动中，我发现“玩沙”是孩子最喜爱的游戏之一，幼儿园的沙池每天都热闹非凡。我们也在玩沙池为孩子提供了许多生活常见的材料：沙漏、小桶、铲子、旧奶粉罐、管道、筛子等。孩子带着各种各样的工具，三三两两地组团游玩得不亦乐乎，整个玩沙池呈现一派忙碌且热闹的景象。

准备的材料

游戏场景

二、游戏过程实录

活动一：生日蛋糕

子钧小朋友用一个花边小桶装了半桶沙子，然后把小桶倒扣在沙池里。过了一会儿，他小心翼翼地双手拿起小桶，一个漂亮的“蛋糕坯”就做好了。接着，他又在上面撒了一点儿沙子，用手拍了拍，固定了一下形状。他注意到我正在旁边看着他，就告诉我说，他要做一个很漂亮又好吃的蛋糕，今天是他的生日，他要请老师吃蛋糕，还要分给他的好朋友吃，但是现在还没有做好，还要等一会儿。说完他站起来观察了一下，在周围捡到了一些叶子撒在“蛋糕坯”上，兴致勃勃地装饰起了他的生日蛋糕。蛋糕做好后，他邀请其他小朋友一起来吃蛋糕，并向同伴介绍道：“这是我做的生日蛋糕，这个是巧克力，里面是水果，这是蜡烛，等下我要吹蜡烛……”

教师的思考： 我们小时候最盼望的事情之一就是过生日，因为能收到很多礼物，还可以吃到美味的生日蛋糕。在游戏中，孩子能想到用沙子来做蛋糕，并把小桶当成蛋糕模具去固定沙子的形状，把生活中的经验迁移到游戏中，体验制作蛋糕的乐趣。我们成人眼中普普通通的树叶，在孩子眼中却是能用来装饰蛋糕的蜡烛、水果，这是他们想象力丰富的表现。孩子在宽松自由的环境下，自主探索尝试，不知不觉中提升了动手能力。

活动二：人多力量大

互相帮助拉沙水

帆帆装了满满一大桶沙水，把提手挂在滑轮绳索的挂钩上，然后爬上玩沙设备的木板上，想要利用滑轮把沙水提上来。他双手握紧绳索使劲拉拽，脸都憋红了，可地上的沙水桶纹丝不动。于是他请旁边的霖霖小朋友和他一起拉，两人刚把桶提起一点，就没力气了，沙水桶又落回地上，又尝试了两三次，还是拉不起来。帆帆左右望了望，又叫来了昊昊和阿浚一起帮忙，几人合力终于把沙水桶提了上来，帆帆开心地鼓起了掌。

教师的思考：互相帮助是人类社会发展的重要动力之一。对孩子而言，懂得互相帮助不仅是一种良好的行为习惯，更是一种积极向上的生活态度。孩子遇到自己不能解决的问题时，会主动向身边的同伴寻求帮助，而孩子在关心、帮助、合作等积极的社会行为中，也会逐渐体会到，只有在互相帮助和支持的基础上，才能更好地完成任务和目标，也能帮助他人实现目标，从而养成积极的互助精神，促进社会交往能力和亲社会行为的发展。

三、教师支持的策略

（一）支持与放手

在幼儿游戏中，自由与自主是非常重要的。孩子需要有自己选择玩什么、怎么玩以及和谁玩的权利。教师在这个过程中更多地扮演着支持者和观察者的角色，而不是干涉者和打扰者。教师应该为孩子提供充足的游戏空间和时间，以确保孩子能够充分发挥想象力、创造力和探索欲望。

在这种自由的游戏环境中，孩子可以根据自己的兴趣选择玩具或活动。他们可以决定进行角色扮演游戏、创意搭建、沙地绘画、挖沙寻宝以及其他类型的玩法。这样的选择性不仅能够满足孩子对多样化体验的渴望，还能够培养孩子作出决策和解决问题的能力。

同时，在幼儿游戏中，教师应该尽量减少对孩子行为的指导或纠正。教师应该保持静默并观察，以便更好地了解到孩子在游戏中展示出来的技能、才能和发展需求。这样一来，教师可以更有效地提供个性化支持，并为孩子创造一个安全且富有挑战性的环境。为孩子提供足够的游戏空间和时间也是至关重要的。孩子需要有足够大的空间来进行移动、探索和发现。此外，孩子还需要足够长时间来投入游戏中去，在没有打断或限制下尽情发展其创造力和想象力。

当然，在整个过程中教师并不完全被排除在外。作为支持者，教师可以提供必要且适当的资源，并鼓励孩子进行深度思考和互动交流。教师可以通过问问题、引导讨论或分享相关信息来促进孩子的学习和合作。

总之，在整个游戏过程中，给予孩子自由与自主是非常重要且有益的做法。这种方法不仅能够激发孩子内在动机、培养创造力与想象力，还可以塑造其独立思考与解决问题的技能。同时，教师作为支持者和观察者将更好地了解到每个孩子的独特需求，并通过提供恰当支持来促进其全面发展。

（二）经验分享与交流

每次自主游戏过后，我们回到活动室会预留一段讲评时间。这个时间段，让孩子可以分享自己的游戏故事，互相倾听和学习。沙水是一个多功能的游戏道具，每个孩子都能用它展现出其无穷的想象力和创造力。孩子的分享总是让我们感到惊喜，因为每个孩子对沙水的玩法都有所不同，而且他们的游戏内容也是各式各样的。

在一次分享中，明明分享了他在沙池中建造城堡的经历。他用湿沙堆砌起了一个庞大而壮观的城堡，并在周围创造了一片小湖泊。明明还在城堡内部设置了迷宫和秘密通道，让人无法预测其中的奇妙之处。大家听着明明描述城堡的特点和设计，不禁为他精心构思的创意惊叹不已。

朵朵分享了她与朋友们玩沙水医生游戏的经历。她将沙子塑造成了一个个患了疾病的小动物，并和朋友分别扮演医生和护士来给“病人”做检查和治疗。她还仔细讲解了每个小动物的不同病症以及她们的治疗手段，以便其他孩子能够更好地理解医学知识。小朋友们被朵朵的讲解所吸引，并纷纷表示要加入她下一次开办的动物医院。

另一个令人惊喜的分享来自嘟嘟，在他眼中，沙水区变成了一个未知星球上神秘文明的居住地。他用各种形状、大小和质地不一的模型创造出充满异国风情和神秘魅力的建筑物、交通工具和生物群落。每个模型都有着细致入微的细节，通过掌握不同材料间黏性、可建模性等特性，嘟嘟成功将自己对未知世界的理解与想象展现给大家。

这些震撼人心却又充满童趣与幻想力极高的分享引起了其他孩子的强烈兴趣与好奇心；同时启发了其他孩子更多有趣而又有挑战性的玩法，从而丰富了所有孩子关于游戏、探索、学习等方面的经验。

通过这些精彩纷呈的分享活动，我们目睹了孩子展现出的无比丰富多样化与超乎常规的想象空间，以及互相启发借鉴、积极思考进行游戏创作等众多优秀品质。在日后的活动中，我们期待能看到更多的孩子在玩耍过程中表现出天马行空般的创意、蓬勃向上的精神与勇往直前的态度。

（三）一对一倾听

每个孩子都是独特的个体，都有自己不同的性格、兴趣和需求。有些孩子天生就善于表达自己，善于与他人交流并分享自己的想法和感受。然而，并非所有的孩子都具备这种能力，有些孩子在面对他人时会感到害羞、不安或者缺乏自信。

交流分享

作为教师，我们需要通过各种方式去了解每个孩子的特点，包括他们遇到的问题以及他们的兴趣所在。这样可以帮助我们找到打开孩子心门的钥匙，走进他们五彩斑斓的内心世界。

孩子作品

阅读孩子的游戏故事是一种了解孩子的好方法。通过阅读孩子创造出来的故事情节、人物角色以及所表达的思想和情感，我们可以深入了解他们内心深处隐藏着什么样的世界。例如，一个喜欢创作悬疑故事并将其主人公塑造成坚强勇敢形象的孩子可能正在面对某种挑战，并试图通过创作来寻找答案和勇气。借由阅读和分析游戏故事，教师可以更好地理解并引导这样一个孩子。

除此之外，与每个孩子进行一对一倾听也是十分重要的。通过与孩子建立良好关系并给予耐心倾听，我们可以为孩子提供一个安全舒适的环境，在这里他们可以放松下来，并真实地表达自己内心所想所感。在这些谈话中，教师应该尽量减少干扰和打断，并专注聆听孩子表达。同时，在适当时机提出问题或发表意见，以鼓励孩子继续分享更多信息。

逐渐了解孩子是一个渐进的过程，在此过程中需要运用正确方法与孩子建立起深厚而可靠的连接。有时候，只需一个简单而关切的问候或肯定就能让一个沉默寡言或者脆弱胆怯的孩子展示出真正自我的一面。通过观察和倾听，我们能够辨认出每个孩子的独特之处，并且在活动中给予相应支持。

当我们成功打开一个孩子的心门时，会发现其中蕴含着无限的可能性和惊喜。我们会发现那些平日里看似沉默寡言或者羞涩内向的孩子，原来也拥有独特而丰富多彩的想法、激情和潜力。

因此，在与孩子交流互动过程中，请不要忽略那些似乎难以捉摸或者不太愿意参与讨论分享活动的孩子。相反，请尝试用耐心、理解、关注去了解他们，并提供渠道让他们展示自己真正独特而珍贵之处。

最后，在探索每个孩子五彩斑斓的内心世界时，请记住每个孩子都有属于自己独特方式表达情感和思想，并且不同方式都值得尊重和鼓励。

四、教师小结与反思

从以上案例中，我们可以看到，孩子会把自己的生活经历、所见所闻所想自发地代入游戏中，生成丰满的游戏情节。而我只是在活动前简单地和孩子讨论了一些玩沙水的注意事项，就请孩子直接进行自主游戏，没有事先预设主题，活动过程中也没有干预孩子的游戏，但在游戏后的分享环节，我却发现孩子想象出了许多的游戏情境和玩法，并在他们自创的游戏中玩得趣味盎然。

通过一段时间的户外自主游戏，我深深感受到了孩子自主游戏的价值。孩子不再是乏味地玩着“老师的游戏”，而是成为自己游戏的小主人，在游戏的实际操作中能发现问题、思考问题和解决问题，真正地玩在其中、学在其中、悟在其中。

这样的自主游戏活动让孩子感到兴奋和振奋，因为他们可以根据自己喜欢和擅长的领域来选择参与的项目，并与其他同龄朋友一起合作完成任务。在这个过程中孩子变得非常积极主动。他们不再被动地等待教师给出指令或者规则，而是开始思考并提出自己关于如何玩好游戏的建议。他们会积极讨论并共同制定一个完善而公平的规则体系。

这种情况使我真正意识到：通过让孩子成为游戏小主人，孩子能够提高独立思考和解决问题的能力。他们会提出各种可能性并评估风险以及预测结果。当然，在实际操作中孩子难免会遇到困难或产生错误，但这时候他们会相互协作、共同努力找出解决方案。

这样的户外自主游戏还对孩子的身心发展产生了积极影响。他们可以全身心投入活动中，锻炼身体素质以及培养协调能力；他们可以与其他同伴进行交流合作，并从中学会如何处理人际关系；他们还可以从环境中获取知识和经验，并将其应用于实践中。

我们在观察幼儿游戏的同时，其实也在不断学习新的认知和教育理念。我们要真正做到放手，尊重孩子的想法，多鼓励孩子去探索、去尝试、去创造。通过观察和分析，了解孩子的兴趣和内在需要，判断孩子的游戏水平，采取适宜的指导，才能更好地推动游戏继续深入，并促进孩子全面发展。

对于教师来说，“放手”意味着信任和尊重每个孩子的独特个性。我们需要给予足够空间让孩子表达自己，并保持耐心去倾听他们内心世界所传递出来的信息。只有通过细致入微的观察和分析，在了解孩子需求基础上采取适宜指导措施，教师才能推动游戏更好地发展并促进孩子全面成长。

总之，在组织孩子开展户外自主游戏的过程中我明白了一个道理：孩子具备着无限潜力，并拥有丰富多样化思维方式来处理问题。当我们给予他们更多机会进行自主探索时，我们也将收获更多新鲜见解以及教育经验。

（本案例照片由新丰县第四幼儿园提供）

轮胎与梯子的浪漫邂逅

韶关市武江区惠民幼儿园 常 娇 郑婷婷

一、游戏背景

小班的孩子对轮胎情有独钟，每次到操场时，孩子都忍不住去摸一摸、推一推。有的孩子会躺在轮胎里，享受阳光；有的孩子会把轮胎当作小车子，推着它穿梭在幼儿园里；有的孩子会踩在轮胎上把轮胎当作蹦蹦床；有的孩子会把轮胎垒高放在一起当城堡……自主游戏环节，蜜蜜和宇航拿了一个木梯放在了两个搭高的轮胎上面，开心地玩起了跷跷板，其他孩子看到以后也受到了启发，大家都想去尝试一下，于是轮胎与梯子来了一场浪漫的邂逅。

二、游戏过程实录

终于到了孩子最期待的自主游戏环节，来到活动场地，孩子迫不及待地去取轮胎，拿到轮胎后很多孩子还是采取以前那样的玩法，有的玩滚轮胎，有的把轮胎摆成一行在上面走或者跳，有的比赛看谁把轮胎滚得远，还有的把轮胎立起来钻着玩。

上午游戏结束回到教室后，我们围绕着轮胎，总结了以下几个玩法：

（1）几个孩子面对面滚轮胎。

（2）将轮胎排成直线，练习在轮胎上走。

（3）跨跳轮胎、双脚向前跳。

（4）跳上跳下轮胎。

（5）钻轮胎。

玩轮胎的场景

第二天，在自主游戏活动中，孩子又进行了一次头脑风暴，不断尝试探索轮胎更多的玩法以及与其他材料的结合。

环节一：初次尝试轮胎和梯子的组合

妮妮和越宁两个人一起搬来了一个梯子，决定将轮胎和梯子组合在一起进行游戏。她们进行第一次尝试，把轮胎放在梯子上面，晨曦看到后也拿来一个梯子，把梯子放到轮胎上面然后往前爬。

轮胎和梯子组合玩

旁边的孩子看到后，说这是一座小桥，下面是大鳄鱼，不能掉下去，否则会被鳄鱼吃掉。接着孩子就迫不及待地尝试过“小桥”，结果发现这样走很容易掉下去。然后芊芊小朋友就提议可以把轮胎放在梯子的下面，大家听完后就进行第二次尝试，这次大家终于可以安全通过了。

过“小桥”

教师的思考： 孩子第一次尝试把轮胎和梯子组合进行游戏，他们从最开始的一个人玩，到多人合作一起玩，由单纯的玩轮胎，到发现可以把梯子和轮胎组合在一起玩，从把梯子放地上走，过渡到把梯子架起来走，对孩子来说，每一次的发现都是创新和进步，在游戏过程中孩子学会了发现问题并可以完整地表述问题，通过讨论，得到解决问题的方法。这个过程，既是孩子对之前游戏的回顾，也为后面的游戏提供了方法支撑。

游戏后在和孩子分享照片和视频进行交流时，鼓励孩子将问题通过绘画进行表征记录下来，并且发现了一些问题：

（1）走过去的时候，梯子有点摇摇晃晃的，有时会掉下来。

（2）梯子会动来动去，孩子有点害怕。

（3）两个梯子连着的地方很容易掉下去。

结合这些问题，我鼓励孩子进行讨论交流，并找到一些解决的方法：

（1）走的时候可以扶着前面的小朋友走。

（2）我们可以拿一个东西放在旁边扶着走过去。

（3）可以在梯子下面多放几个轮胎。

孩子的记录画

环节二：创造新玩法

有了之前的游戏经验和反思总结，孩子开始了新的游戏。带着讨论时得出的答案，他们迫不及待地想要再试一试。

1. 组合桥的探索

游戏一开始，孩子就用想到的方法进行试验。刚开始用三个轮胎支撑梯子，玩了几次后，他们觉得稳一点了，就开始给每座“小桥”下面都多放了一个轮胎。

这时候，新的问题又出现了，其中一个“桥”变得更加不稳了，摇晃得更加厉害，大家都停下来找原因。

熙熙看了一下说：“这个黄色的轮胎太大了，要放一样大小的轮胎才可以的，不一样的轮胎会让我们掉进鳄鱼池的。”

于是孩子合力把比较大的轮胎搬了出去，又把“小桥”间的缝隙填满，他们又重新检查了一下，发现这次走在上面平稳了很多。接着，他们在梯子下面放上了更多的一样大小的轮胎，这次他们发现可以安全地通过“小桥”了。

探索“小桥”的组装

这时妮妮又有了新的发现，只见她用一只手滚着一个轮胎从“小桥”上开心地走过，还得意地让其他小朋友也来尝试一下。其他孩子也都学着她的样子玩起来，还有的孩子尝试了更高难度的动作，两个手滚着轮胎走过“小桥”，孩子就这样尝试着新的玩法。

教师的思考： 在游戏探索的过程中孩子发现了轮胎的大小统一以及轮胎的数量对梯子的稳定性有直接的影响，说明孩子善于发现，能从以往游戏经验中得出直接经验，并运用到当前的游戏中去。在游戏中，孩子还能通过模仿、创新的方式增加游戏的趣味性，这些都是孩子自主探索的结果。

2. 花样组合：海绵跷跷板

两名孩子先把轮胎放在梯子上面，他们一个一个地跨了过去。玩了一会儿，两个人就觉得没意思了，他们正准备去拿别的器械的时候，妮妮说："我们把轮胎放在下面，梯子放在上面试试吧。"两个人把轮胎推了出去，准备搬梯子的时候发现梯子太重了，根本搬不动，这时候就需要教师介入了，我走了上去笑着询问："需要我的帮助吗？"两个孩子开心地点点头，按照孩子的要求，帮她们摆好之后，妮妮就迫不及待地踩在了梯子上，结果还没开始走就差点摔跤了。她不开心地说："这个不好玩，我们去玩别的吧。"于是我走上前引导孩子，询问道："妮妮，如果走上去不行，你们可以试下别的玩法，你觉得还可以有什么方法会更好玩呢？"话刚说完，龙语就坐在梯子的一边，大声说："妮妮，你坐那头我们玩跷跷板吧。"于是，两个孩子坐上去玩得特别开心，其他孩子看到了也纷纷模仿。

玩了一会儿，谨兮就说："我的屁股好痛啊，我不想玩了。"我再次走上前引导："那你有没有好办法。让梯子变得没那么硬呢？"谨兮想了一会儿，刚好旁边的小朋友拿着海绵垫在玩，她灵机一动，说："老师，我可以把海绵垫放在梯子上面。"于是，她进行了大胆的尝试，玩起来真的舒服了很多，还可以躺在上面睡觉呢。

制作跷跷板

3. 组合跷跷板对战海绵跷跷板

在海绵跷跷板被"发明"后，孩子又更换了不一样的材料——"板子"上场。蜜蜜对妮妮说："我要搭建一个不一样的跷跷板，更好玩！"于是蜜蜜和妮妮带着身边的小朋友在教师的帮助下拿上了“板子”和轮胎，学着铺海绵垫的样子，把“板子”架在了轮胎上，玩起了跷跷板，两边的跷跷板团队谁也不服谁，都觉得自己搭建得最舒服、最好玩。

在发现轮胎和梯子的各种玩法后，孩子不断地边玩边探索，他们又加入了新的材料，进行了新的组合，还创造出了其他的游戏，如将跷跷板和组合滑梯的打地鼠、小房子等。虽然在我们的游戏预设里，有些材料之间看起来是根本不相干的，但是在孩子的眼里，任何材料都可以为他们的游戏服务，产生我们意想不到的结果。

教师的思考：随着游戏的进行以及新材料的加入，孩子的游戏经验不断丰富，他们在游戏的探索与坚持超乎我们的想象，虽然意见不统一时也会产生的矛盾，但这矛盾并不是持续性的，随着游戏的进行，矛盾也随之消散，新的创造也会随之产生。同时，孩子之间的合作与配合在游戏中潜移默化地得到了提升。

环节三：探险大闯关

通过一次次的游戏尝试，孩子的桥越来越稳，还解锁了很多新的玩法，游戏也越来越有趣。但在游戏的过程中，我也发现孩子基本都是小组进行游戏或者两个人合作进行游戏，在游戏里缺乏整体的合作玩法。于是在回到课室后反思游戏时，我首先肯定和表扬了孩子在游戏中的表现，然后通过让孩子观察游戏图片和视频，引导孩子发现这个问题，鼓励大家一起合作游戏。

于是在这一次的游戏中，孩子先通过商量、讨论，然后再经过教师的引导和帮助，最终在大家的共同合作下搭好了一个游戏场地。

搭建游戏场地

场地的中间是凶猛的鳄鱼，大家要通过桥去解救小白兔。在这个过程中，孩子们设置了很多的关卡，只有顺利通过所有的关卡才可以解救出小白兔。但这个游戏在进行的过程中，因为孩子的年龄偏小，加上语言表达能力不是很好，所以出现部分孩子没有按照制定的规则进行游戏的情况。正当我准备介入的时候，只听蜜蜜大声地说："妮妮是我们的小队长，我们大家要听她的指挥。"最后，他们自己选了3个小队长，由小队长负责出谋划策，号召其他孩子摆放器材，并制定了游戏的规则。

教师的思考： 孩子在发现问题、提出猜想、进行验证，成功地解决问题，一次次突破原有经验的同时，也不断建构着新的想法。

游戏随着孩子的兴趣不断深入，面对新的挑战，孩子迎难而上，这充分体现出孩子乐于尝试、勇于挑战的心理特点。我们给予了他们足够的自主空间，鼓励他们自己去探索、去解决问题，并鼓励孩子通过绘画的方式设计或分享自己的游戏作品。

孩子表征记录

三、教师小结与反思

（一）游戏活动特点

1. 自主自发，游戏主动性强

本案例游戏活动是由孩子自发生成的，游戏中孩子亲自体验合作，亲身感受合作成功的乐趣，孩子主动合作的意识进一步被激发，推动着游戏进展。不断地发现问题—提出猜想—行动验证—解决问题的过程，既提升了孩子的问题解决能力，又激发了他们对于科学领域的学习兴趣，使其发展了初步的探究能力。

2. 化整为零，让游戏有意义

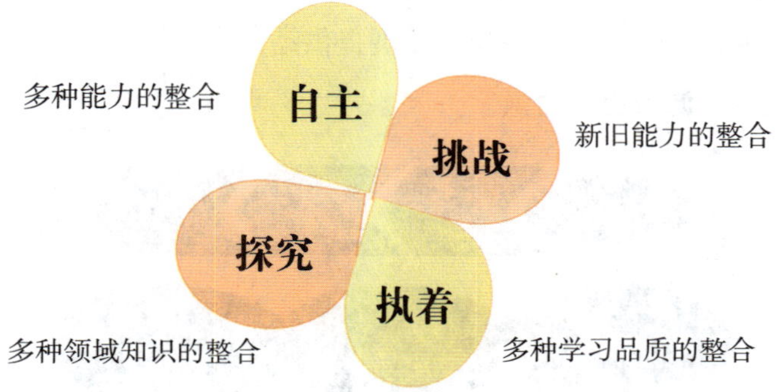

化整为零

通过实践、探究的学习方式促进孩子在科学、技术、工程、数学和艺术领域的发展，为孩子提供创造、创新、合作的机会。孩子在游戏过程中获取的经验看似零散，整合在一起就推动了游戏的进程，促进了孩子在实践中综合学习，整体发展。

在几周的初探到创新中，孩子收获满满，在滚轮胎—组合轮胎—创新玩法的过程中，孩子不仅提高了数量、形状、空间方位、对称、平衡等逻辑思维能力，也发展了同伴之间的合作协商能力以及解决问题能力、想象力、创造力、专注力。

3. 问题牵引，使游戏有深度

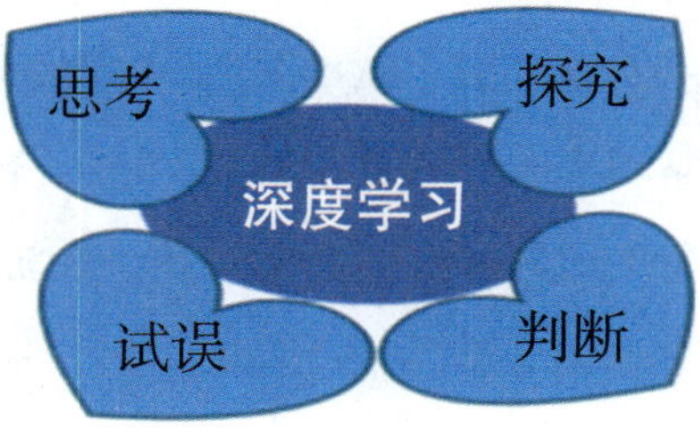

深度学习

游戏中，孩子先后遇到了梯子不稳、摇摇晃晃等问题，为了解决这些问题，孩子不停地与同伴合作探究，多次反复操作。带着问题动手操作、主动探索、不断发现问题、解决问题的过程，正是游戏给孩子创造“最近发展区”的过程，“发现问题—提出猜想—进行验证—解决问题”的方法，不仅对提高孩子的动手能力、合作能力和创造力等方面具有重要价值，也是孩子进行深度学习的体现，更将为孩子今后的成长和发展提供动力。

4. 乐在其中，游戏更有力量

游戏目的

《3—6岁儿童学习与发展指南》中指出：“成人要善于发现和保护孩子的好奇心，充分利用自然和实际生活机会，引导孩子通过观察、比较、操作、实验等方法。”在游戏过程中，孩子在不断探究、不断发现、不断调整中获得新经验、新认知，并在游戏中获得了成功，获得了成长，获得了快乐。

（二）游戏中孩子学习与发展的分析和思考

本次游戏全程由孩子发起，是孩子的真实需求。他们自始至终都在专注探究，即使探索过程中碰到困难，也能在成人的引导下想出解决问题的不同办法。在解决问题的过程中，孩子的自信心和自我效能感得到提升，他们多次完成了有质量的合作，合作能力不断发展。游戏过程中教师给予孩子充分的时间和空间，并且善于发现孩子在各领域的融合发展的轨迹。

游戏过程中引导孩子直面问题、解决问题，正是自主游戏的价值所在。教师坚信孩子是有能力的学习者，做到放手游戏，适时介入，支持和拓展孩子的自主游戏，给予孩子充分的时间和空间，促进孩子在游戏中的深度学习和良好学习品质的培养。

（三）师幼互动过程的反思

1. 细致观察，捕捉探究中的学习生长点

随着活动的持续进行，孩子不断遇到问题、寻找答案、解决问题。实际上捕捉探究中的学习生长点并不难，因为这些都是孩子在游戏中遇到的问题。教师通过细致观察，是可以捕捉到这些学习生长点的。教师始终将孩子的想法放在首位，保护孩子的好奇心、求知欲，活动的推进由孩子的兴趣点决定，从孩子的需求出发，从而让孩子的探究成为深度学习。

2. 观察陪伴，支持孩子自由探索

给予孩子自主学习的时间和空间，让孩子充分地感知游戏材料，丰富游戏经验，保证幼儿游戏的自发自主，孩子在游戏过程的自娱自乐，游戏内容的自我制定，游戏材料的自由选择，游戏同伴的相互合作，使孩子在游戏中自由自主地得到发展，以及愉快的情感体验。

3. 参与游戏，与孩子适宜互动

良好的师幼互动是高质量游戏的基础，教师通过适时的介入或退出支持孩子开展游戏，引导孩子享受游戏的乐趣并热爱游戏中的挑战，更有目标地进行高水平游戏。游戏中的孩子是主动建构、积极能动的，是情绪、智力和社会生活都融合在一起的开放个体，教师观察或参与其中，是走进孩子心灵世界，建立基于理解和信任的良好师幼关系的有效途径。

（四）不足与调整

（1）孩子在材料的选择和运用方面相对单一，需要引导孩子发现其他材料的运用方法，增加轮胎和梯子玩法的难度。让孩子更全面地了解材料并创造性地运用材料开展游戏。这些材料既要能保持孩子的探究兴趣，又要根据孩子的“最近发展区”，对孩子提出一定的要求和挑战，更好地满足孩子探索和发展的需求。

（2）小班孩子的游戏多为独自游戏或平行游戏，教师要善于发现游戏中的亮点，针对孩子在游戏中出现的问题，努力使每一次的游戏回顾成为再次游戏和探究的开始，引导孩子生发出更多角色性的游戏，提高孩子的合作性和同伴间的语言交流，促进孩子的全面发展。

（本游戏案例照片由韶关市武江区惠民幼儿园提供）

管里探秘

韶关市武江区金沙洲幼儿园　潘慧娟

一、游戏背景

随着我们的主题活动“管道”的开展，孩子对管道搭建有了初步的认识。在一次区域活动中，孩子提出要对野营餐厅的水管和烟管进行装修整改。整改时孩子对管道搭建可以运水已有了初步的了解及经验，但对烟管的组建却比较陌生。

在装修烟管前，我们组织了孩子进行讨论：“我们生活中的烟管是什么样子的？”有的孩子说：“我们家的排烟管是在煤气炉上面的。”有的孩子说：“我见到烟管是又长又大的。”还有的孩子说：“不能让烟飘到天空去，会污染空气的。”就这样，孩子你一言我一语地发表意见，开始了他们的排烟装修改建工程。

二、游戏过程实录

（一）游戏前奏

说干就干，“工程队”很快就投入工作中，孩子各自选择工具，搭建烟管。很快，轩轩就发现了他们的工程队太乱了，各干各的，不成形。于是他喊来了身边的小伙伴，与他们商量搭建方案。涛涛说：“我们还要安装一个排烟管，不然会有很大的油烟。”俊俊说：“对，我们要让油烟飘到上面去。”轩轩说：“不对，不对，我们不能让油烟飘到天空去，会污染空气的。”俊俊说：“那该怎么办呢？”轩轩想了想说：“要给它加一个处理油烟的东西。”

就这样，孩子一起设计、商讨排烟管的搭建，在轩轩这个“总工程师”的带领下，装修队开工了！

装修队开工

教师的思考： 孩子从决定游戏到做计划，都表现出浓厚的兴趣。当孩子知道别人的想法有时和自己不一样时，也能倾听和接受别人的意见，懂得将生活已有的知识经验迁移至游戏当中，并能用自己的方法进行角色分配等，充分体现了幼儿游戏的自主性和积极性。

（二）排烟管的搭建

1. 尝试搭建排烟管

随着安装水管的成功尝试，孩子对安装排烟管的“工程”更是兴致勃勃。这群“装修工人们”都跟着“队长”在“施工现场”上忙碌着。一会儿抱竹管，一会儿俩人抬管道，甚至还有跑到远处搬来纸箱，等等，大家都忙得不亦乐乎。只见“装修工人们”有的站着，有的跪着，还有的蹲着，什么姿势都有。而且还时不时能听到他们的几句争吵，也能看到孩子之间的互相帮助。例如，“装修工人”熙熙安装竹管道时塞不进去，旁边的蕊蕊看见了，连忙伸出两手帮忙扶着，说：“我来帮你扶着”“谢谢！”然后又继续安装。就这样，“装修工人们”安装搭建掉了又拆，拆了又搭，一次次地去尝试，大家一起想办法。

在这过程中，“装修工人”轩轩还发现安装排烟管时的问题，他说：“排烟管要安装在高于旁边房子的位置进行排放，这样才好。”说完，轩轩就和熙熙扶着烟管，并说道：“楷兴和恩恩你们去拿点纸箱来加高点，这样排烟管才够高。”不一会儿，高高的排烟管就搭好了。孩子们高兴欢呼的同时，还很好奇他们的排烟管究竟能不能排烟。

用纸箱搭建排烟管尝试搭建排烟管

教师的分析与思考：①大班孩子已具备能搭建较复杂、精细的物体形象的构建技能。从排烟管的尝试搭建中，孩子在搭建安装烟管中得到了一定的知识与经验，从各搭各的到与小伙伴合作搭建，且勇于接受失败，坚持不懈。②《3—6岁儿童学习与发展指南》提出：“支持和鼓励孩子在探究的过程中，积极动手动脑寻找答案或解决问题。”当孩子尝试运用不同材料搭建好排烟管后，怀疑他们的回答到底能不能排烟。针对这一思考，教师应支持和鼓励孩子大胆联想、猜测问题的答案，鼓励学生在下次的探索烟管输送游戏中，设法验证，大胆寻找适宜的方法，体验合作的乐趣，获得新的认知。

2. 再次搭建排烟管

在已有搭好排烟管的基础上，孩子进行了输送烟的实验。只见当烟从“厨房”冒出来时，大家都静静地睁大眼睛看着。“烟出来啦！”涛涛大声说道。“不好啦！烟往那边跑啦！”舒菡着急地用手指着。“咳，咳，咳，好难闻哪！”孩子们手忙脚乱地想把烟抓回来。师：“为什么烟会跑走了呀？问题出在哪里呢？”

就在大家百思不解的时候，涛涛发现原来是管道出了问题，他说：“我们的这个管道两边要盖住，要不然烟会飞走，要那种又大又胖的才行。”说完，涛涛便带领“装修工人们”再次找到“又大又胖”的管道，进行排烟管的改良搭建。

不好啦！烟往那边跑啦！

再次搭建排烟管

教师的分析：①根据大班孩子大胆尝试的特点，孩子通过实验、探索发现，安装排烟管必须使用“又大又胖”的管道才能更好地输送烟。孩子都十分地专注，合作学习的能力得到了进一步提升。而且，孩子也会通过对材料的比较，发现材料的外观不同时，能及时地调整应对，并再次进行搭建。由此看出，不同的辅助材料不仅能给游戏带来更多的乐趣，还能让孩子都积极地思考、操作，去发现问题，及时做出调整、应对。这就是孩子能不断从实践到发现，再到尝试的学习过程和品质。同时，游戏也反映出孩子持续探究学习的轨迹。②《3—6岁儿童学习与发展指南》中指出：“有意识地引导孩子观察周围的事物，学习观察的基本方法，培养观察的能力，支持和鼓励孩子在探究的过程中积极动手动脑，寻找答案或解决问题。”而此次的安装排烟管，孩子很感兴趣，他们乐于自己操作，乐于发现问题、解决问题。不仅锻炼了手眼协调性，还培养了与同伴合作、社会交往的能力。虽然再次搭建排烟管活动完成了，但改良后所搭建的排烟管是否能输送烟还是个未知数。如果不能输送烟，那该怎么办呢？

3. 漏烟啦，怎么办

从开始的尝试搭建到改良后的再次搭建，“队长”和“装修工人们”费了九牛二虎之力，终于搭建完工。孩子们也迫不及待地验证他们的排烟管。他们请教师帮忙开启“厨房”的烟管通道，然后着急地跑到排烟管的后面，伸头去看有没有烟排出来，结果没有烟排出来。就在大家四处寻找烟去了哪里时，突然听到：“漏烟！漏烟！”只见轩轩和舒菡同时用手指着烟管的接口处，果然出现了漏烟的现象。“这里也漏烟了！”飞飞捏着鼻子说，就在这时，涛涛突然双手举起一个管道，把漏烟处盖住，他说："这样就不漏了。"可是，没过多久，烟管的其他接口仍然出现了漏烟的现象，大家都不知道该怎么办。

看到孩子沮丧的神情，我悄悄地把布条放到他们的周围，很快孩子们就发现了这些材料，并尝试运用布条来堵住漏烟的地方，就这样，他们把这个好办法分享给身旁忙碌的"装修工人们"，一条打着"补丁"的排烟管就搭好了。最后，经过孩子们的不懈努力，排烟管终于能输送烟啦，他们可高兴啦！

漏烟啦！怎么办？

教师的思考：①孩子能在烟管漏烟的原因上，根据自己原有的经验，作出相应的解释。（烟管虽然用半封闭管道盖住，但缝隙还会漏烟，所以要加上布条堵住补漏）说明孩子能将已有的经验加以比较、概括，并在各种关系间建立新的联系，逐步积累属于自己的经验。②我们大班孩子的思维仍然是以形象思维为主，他们虽然不能进行完全的逻辑思维，但可以在具体的形象思维和表象的基础上思考事物与事物之间的关系，甚至是进行初步的推理。例如，涛涛发现烟管漏烟了，他就举起一个半封闭状的管道，往漏烟处盖住，以为半封闭的管道能盖住不漏烟，作出自己的推理，说明他具有一定的思考能力。

4. 会拐弯的烟

经过"小工人们"的不懈努力，他们终于搭出一条可以排油烟的油烟管之后，然后由教师引导"小工人们"往烟分流上思考，师："我们的野营餐厅那么大，一条排烟管够不够用呢？""小工人们"就纷纷说出自己的意见，"搭一个很粗的排烟管""用两个烟囱""做两个排烟管""用两个排烟管让烟拐弯出去"……最后大家同意了用两个排烟管的想法，这时候，队长就组织"小工人们"寻找可以用到的材料，很快"小工人们"就在"工地上"找到各种各样的不同接头如直接头、三通接头、弯头接头。然后大家一起商量哪一个比较合适，他们你一言我一句地说着，“试试这个弯头”“好像不可以呢，只有一个口出烟”“那试试这个”……这时涛涛说：“要不试试这个三通接口？可以啦，有两个出烟口。”大家就决定用三通接口来作分流接口。于是，队长就带着“小工人们”开始“施工”，“小工人们”开始忙碌起来，有的去拿排烟管，有的拿纸箱，有的在队长的带领下开始把三通接口安放在“厨房”的出烟口上。

队长：“这个接口放进去有好大的口啊，会漏烟，怎么办啊？都没有办法放稳。”这时，就听见一个声音“毛巾，我需要毛巾”，大家纷纷去找毛巾，来堵住露出来的缝隙。经过大家的努力，排烟管分流很快就搭建起来了，在实验之前，“小工人们”都在猜测哪一边的烟管先出烟，大家都不约而同地选择了排烟管比较短的一边。实验开始了，大家都在全神贯注盯着排烟管到底从哪边排出烟，“来了来了，烟来了”“小工人们”兴奋地跳起来了，可是等了一会儿，烟都没有从两边排出，不是一会儿这边出，就一会儿那边出，“小工人们”试了好几遍，结果都是一样的，师：“到底是怎么回事呢？”涛涛就出来说：“烟一会儿飘到这边来了，然后又飘到那边去了。”

会拐弯的烟我来帮助你！

教师的思考：①从涛涛的发现可以看到孩子的观察能力在逐步提高，也能明白事物与现象之间存在内在的联系。此外，在搭建排烟管分流的时候，孩子们都很积极参与讨论、尝试、交流，并互相合作地完成搭建排烟管分流，但是，一次次的尝试仍有失败，可孩子们仍坚持不懈，继续挑战！②针对烟管分流失败的这些问题，教师及时与孩子讨论、小结，但孩子受到逻辑思维发展水平的限制，在游戏中对烟管漏烟和分流操作比较简单，所揭示的也是事物之间明显可见的变化，如在游戏中，孩子们仍是探究烟管的补漏，但对烟管的密封性没有注意到，只是“哪里漏烟就往哪里补”，所以在用布条补漏烟管的结论上，比较浮于表面。在往后的游戏中，教师更应引导孩子结合生活中烟管的实际运用，进一步提高孩子的认知水平。

5. 创建过滤器（延伸游戏）

因为分流排烟管失败了，“小工人们”很快就把排烟管重新搭好了，“小朋友，我们的油烟能不能直接排到天上去呢”？小工人们异口同声地说“不能！”“为什么呢？”“会污染空气！”“那该怎么办呢？”“给它加上过滤器！”说完“小工人们”就各自忙碌找适合做过滤器的箱子，开始制作过滤器啦，在找到箱子之后“小工人”又发现了问题，排烟管没有办法穿过箱子，这时有个“小工人”说：“要穿一个洞才行。”大家就拿来了笔和剪刀，来做记号和剪洞，可他们尝试了几次也不能完成，于是就请教师帮忙协助，在教师的帮助下，排烟管很快就被放进过滤器了，但涛涛很快再次发现问题：“没有排烟的地方啊，还要再剪一个洞！”于是很快就找到排烟的地方，在教师的帮助下剪好了洞。并很快完成了排烟管“过滤器”，小工人们都兴奋地大喊：“耶，成功啦！”

制作过滤器

教师的思考：在活动过程中，孩子知道了接头管的不同运动方向及其在生活中的运用。并且，孩子也了解到油烟不能直接排放在空气中，会污染空气，影响我们的生活，所以孩子通过自己的想象，创建了一个“过滤器”让油烟变干净了再向外排出，这说明孩子正逐渐懂得热爱、保护我们的环境。同时，孩子在游戏中体现了坚持不懈、勇于挑战的精神。

四、教师小结

孩子们一次又一次的尝试，让我们看到他们身上的坚持不懈的精神；一阵又一阵的笑声与叫声，让我们感受到幼儿游戏时的无限快乐；一次又一次的挑战，让我们看到孩子的学习和发展。就这样，孩子用他们的智慧和想象，给我们带来了源源不断的惊喜。

（一）敢于尝试探究搭建

要想把水管和排烟管搭建好，孩子需要不断地尝试探索，寻找出必要的规律和方法。游戏中，几名孩子拿着竹管，不停地上下来回搭建，看似一个简单动作的重复展现，其实是在寻找搭建的规律。而在搭建烟管时，孩子经过比对，发现需要更换搭建的材料。这时候的孩子不仅学会了发现问题，而且会提出猜想，进行试验探究，并通过最后的行动来验证了整个探究过程。这让我们看到了孩子身上勇于探究、积极思考、坚持不懈的宝贵精神。

（二）同伴互助，互帮共进

游戏中，孩子们在搭建排烟管的过程中，遇到了漏烟的现象。此时，孩子与同伴多次讨论、分析着问题，如用什么材料补漏？应该怎么补？直到最后选择了毛巾作为材料，并且大家一起分工合作，互帮互助，共同体验到了初次成功的喜悦。这说明了同伴之间的交往、互助、合作和学习始终贯穿在孩子的游戏中。这不仅发展了孩子的表达能力和沟通能力，还能让孩子体验到互助合作的快乐。

（三）及时梳理，经验提升

探究、坚持、挑战、合作、交往是孩子自发学习的表现。游戏中，孩子从了解水可以在水管里分流后，便想象烟是否也能分流。在接下来的游戏中，孩子便在自己已有的经验能力下进行模仿尝试。经过不断的试验、探究，分析，孩子们发现尽管水可以在水管里分流，但烟却不能在排烟管里分流，这是什么原因呢？孩子重新进行了梳理，积极地寻找原因。虽然，在视频、记录、追踪的分析下，仍然探索不到原因所在。但在游戏中，孩子对自己的判断已有了初步的认识，并且在经验方面也得到了提升，这是弥足珍贵的。

在自主游戏中，我们教师是退后了，但我们教师无时无刻不在支持着孩子的发展，无时无刻不在关注着孩子的兴趣需要，抓住教育的契机，进行个性化的回应，等等。在这样前进后退的过程中，让每一个独一无二的孩子个体在具体操作中进行感受、探究、体验，允许孩子研究自己的发展轨迹，真正把游戏、学习的权利还给孩子。

（本游戏案例照片由韶关市武江区金沙洲幼儿园提供）

种植新体验

“南”得遇见

韶关市武江区韶新幼儿园　王丽丹　钟家琪　何倬儒

一、游戏背景

小班的自然角里躺着一些圆鼓鼓、胖乎乎的南瓜，午餐散步时间，它们被孩子发现了。“这个南瓜真圆哪！而且是绿色的，和其他南瓜都不一样呢！”“哇！好大一个南瓜！如果它和其他南瓜比赛跑步，一定能拿第一名吧！”“这个南瓜怎么是圆圆的，和我奶奶家种的南瓜不一样，是长长的。”孩子们小声议论起来。生活是孩子们最熟悉的内容，只有将孩子生活中最感兴趣的事物融入活动中，才能调动孩子的积极性和求知欲，于是我们开展了“南”得遇见活动。教师把南瓜切开来让孩子观察南瓜的内部，让孩子知道了南瓜内部不仅有种子，还有瓜瓤、瓜肉，孩子还认识了各种各样不同的南瓜，于是他们萌生出了种植南瓜的想法，决定尝试种植南瓜。

二、游戏过程实录

（一）在小盒里种南瓜

当孩子得知要开始种南瓜后非常的开心，于是他们分组收集各个品种的南瓜，把收集回来的南瓜都放在了一起，准备开始挑选种子。

柏诚说：“我们可以种这个黄金南瓜的种子，长大后肯定可以收获很多个金黄的南瓜！”

悦悦说：“我想种这个小小的贝贝南瓜，它很可爱，小小的。”

家民说：“要不我们每种南瓜都种一棵吧！这样等收获的时候就可以收很

多不同的南瓜！”

孩子们纷纷表示赞同，但是取出来的种子要种在哪里呢？

浩熙说：“种子应该种进泥土里。”

雨汐说：“我们可以把种子放在小盒子里种啊，就像植物角里的植物一样！”

家玮说：“对！那我们去材料小超市找一些盒子去挖泥土吧！”

在挖好泥土回来后，孩子们取出各种南瓜的种子，把它们分别放在不同的种植小盒里，种植之旅开始了。孩子们个个争作小小志愿者，制定好规则，每天两个小志愿者值日，轮流给南瓜种子浇水，并观察记录南瓜种子的生长情况，希望南瓜种子可以快点发芽。可是一个星期过去了，南瓜种子并没有像孩子们期盼的那样生长发芽。

取南瓜种子

教师的思考：孩子们在种下种子后，每天都很开心地给南瓜浇水，希望南瓜快快长大，但是浇水一个星期了也不见南瓜长出芽来，这时孩子们心里很疑惑，为什么南瓜还没有长出芽呢？孩子们带着这样的疑问来问我，我引导孩子自己找出答案：“南瓜种子没有发芽，是种子的问题还是泥土的问题呢？”听到我抛出的问题后，家民想了想，说：“要不我们把盒子里的泥土倒出来看一看吧。”孩子们倒出来后仔细寻找之前埋下的南瓜种子，王睿找到了，他拿着种子仔细观察，发现种子并没有想发芽的迹象，他轻轻捏了一下种子，是有一点点软的。

孩子们唤出了一体机里面的“小希精灵”，打开了种植南瓜的视频，原来种植南瓜不仅需要浇水、晒太阳，种子也是很有讲究的，需要用较老的南瓜的种子，幼嫩的种子还未成熟，所以不会发芽。孩子们回忆起他们的种子是在一个小南瓜里取出的，结合刚刚找到了种子摸起来是软的，所以孩子们猜测因为种下的是幼嫩的种子，所以南瓜才没有发芽。

（二）再次在小盒里种植

有了第一次种植的经验，孩子们对于选种子更加谨慎。第二天淑梦从家里带来了南瓜的种子，她开心地说："我这里有南瓜的种子，奶奶在老家用这个种子种出了好多好多的南瓜！"睿睿说："哇，和之前看的南瓜的种子是一样的，让我观察一下这个种子，先摸一摸，它是硬硬的，不像之前的种子有一些软，这些种子肯定可以种出南瓜！"家玮说："我也从家里带了南瓜的种子，是干的种子，妈妈说种之前要给种子泡水才可以种进土里。"其他孩子也从家里拿了一些南瓜的种子回幼儿园，于是孩子们又开始尝试种植。

为了让南瓜种子快些长大，孩子们一回园就把种有南瓜种子的盒子放到有阳光照射的地方，而且每天都给种子浇满满的水，可是过了一周，还是不见南瓜种子发芽，孩子们觉得很苦恼。子妍说："给种子晒了很久的太阳，也浇了很多水，可是种子怎么还不发芽呢？"晟睿说："是呀，明明我们选了成熟的南瓜种子，还天天都给种子浇水晒太阳，为什么它们还是不发芽呢？"

照顾盒子里的南瓜种子

教师的思考：孩子们觉得种子和他们一样，天天需要喝许多水才能长出芽，所以每天都给南瓜种子浇许多水，就这样过了一个星期，发现种子还是没有发芽，于是孩子们把盒子里的泥土倒出来，泥土倒出来的同时盒子里的水也倒了出来。晟睿说："盒子里怎么这么多水呀。"他们在仔细寻找下，终于找到了在泥土里的南瓜种子，虽然已经破壳了，但是种子身上长了霉点。孩子们通过南瓜种植视频得知，原来南瓜在种子阶段不需要很多水，太多水会导致种子发霉，烂在泥土里。种南瓜的盒子很小，浇水时很容易浇多，所以种子才不会发芽。这个时候孩子们才反应过来，原来是盒子里面装的水太多了，南瓜种子"呼吸不了"，所以没有长出芽来。

（三）在菜地里种植

总结了前两次的种植经验，孩子们决定去菜地种植南瓜，因为菜地空间大，浇的水会渗进地下，不会怕种子会被泡发霉，而且菜地阳光充足，他们相信南瓜很快会长出来。孩子们来到菜地，看到满地的杂草，星华说："哇，好多杂草，我们需要把杂草清理干净才可以种植南瓜。"家玮说："那我们一起来清理吧！"说着孩子们开始清理菜地的杂草，他们分组合作，一些孩子拔草，一些孩子用锄头把泥土锄松，清理完草地、松完土后，他们在土地上挖出一些小坑，然后把一颗颗南瓜的种子放在小坑里，用土埋好，再用小喷壶浇水。睿楠说："这次我们可要好好照顾南瓜种子了！"子妍说："是呀！我们要记住给南瓜种子浇水，这样它们就不会口渴啦！"孩子们商量着要轮流为南瓜种子浇水。就这样坚持了一段时间，某个星期一早上，柏诚像往常一样去浇水，惊讶地发现南瓜种子发芽了，柏诚开心地和小伙伴分享了这件事，孩子们一起去菜地看这株刚露苗头的嫩芽，非常的开心。

将种子种进土里

教师的思考： 在种下种子后，孩子们每天都会去菜地给南瓜浇水，每天都期待着南瓜种子出芽。教师作为活动的支持者和引导者，给予孩子们场地和工具的支持，在孩子遇到困难时适当引导，孩子们一起讨论如何让南瓜种子发芽，在寻找到答案后进行尝试，在这个过程中孩子的思维能力、解决问题的能力得到发展。整个种植过程还培养了孩子对种植的兴趣，教师为孩子提供对大自然进行接触、长期观察以及进行动手实践的机会，孩子对自然界的事物产生正确的认识，感受生命的成长，从而珍惜生命，爱护生命。

（四）花掉了怎么办？

在种下南瓜种子后，孩子们一开始每天都会来菜地给南瓜浇水，南瓜苗长得比较慢，孩子们还担心南瓜苗不会存活下来，随着季节回暖，雨水变得充沛，悦悦说："现在天天下雨，我们就不用天天给南瓜苗浇水了。"

于是孩子们改成了定期去观察南瓜苗的成长，每一次去菜地观察南瓜苗孩子都有新的发现。"哇，南瓜苗变长了，还长了许多叶子。""南瓜叶子好大一片哪！摸上去毛毛的，它的杆下面也是毛毛的。""你们快看！南瓜藤上长出南瓜花了！是不是很快就会长出小南瓜了！"

孩子们看见南瓜藤上长出了一朵朵的南瓜花非常开心，更期盼着能结出南瓜，但并不是都能如孩子盼望的那般，因为持续的雨天，许多南瓜花被雨水打掉了，孩子看到花掉了觉得很可惜，还听到了子妍委屈的声音："我们辛辛苦苦种出来的南瓜花，就这样断了。"

南瓜开花了

教师的思考：孩子们看到掉在泥地里的南瓜花时，觉得很可惜，在孩子不知如何是好时，我轻声询问孩子："孩子们可以回想一下，之前在活动中我们了解过南瓜可以做些什么？”引导孩子回想之前了解过的有关南瓜的知识。睿睿激动地说：“老师，我想到了！南瓜花也可以用来做美食！”说到美食孩子就开始期待了，孩子们回家与爸爸妈妈探讨南瓜花可以做什么美食。第二天回到幼儿园孩子们就迫不及待地分享自己的想法，子妍说：“南瓜花可以用来煮汤，妈妈说特别好喝！”悦悦说：“我爸爸说南瓜花可以拿来炒菜，他说很好吃，我也想尝尝！”晟睿说：“我妈妈说南瓜苗也可以摘来吃，也很好吃。”孩子们热烈讨论，纷纷说出了自己在家和爸爸妈妈讨论出的美食，经过讨论后他们决定去采摘南瓜花和南瓜苗，用来制作美食。

（五）蔬菜义卖

在菜园里摘回了一些南瓜花和南瓜苗后，孩子们还在想着如何制作南瓜美食时，听到罗老师宣布幼儿园里要举办蔬菜义卖活动，为特殊学校的孩子筹集善款，家玮立马说：“要不我们拿这些菜去义卖吧！我们可以把这些南瓜花和南瓜苗卖了赚钱！”雨汐说：“是呀！我要叫我妈妈来买我们种的南瓜花和南瓜苗，买回去做好吃的南瓜美食。”小伙伴们纷纷表示同意，还说叫爸爸妈妈早点来幼儿园买菜，于是孩子们决定把摘下来的蔬菜进行义卖。

在义卖活动前，孩子们在积极筹备。睿楠说：“我们的卖菜店要有一个店名，这样客人才知道我们这里是卖菜的。”俊妍说：“那叫什么好呢？”孩子们在热烈讨论中，最终投票决定了菜店的店名为“彩虹店”，希望来买菜的客人每天都能发现美好的事。

然后就是进行卖菜小培训，在观看完售货员如何售卖后，孩子有模有样地学了起来，紫杉说：“这里有卖什么菜呀？”铭桦说：“我们这里有南瓜花和南瓜苗卖，很好吃的，买一些回去吃吧！”紫杉说：“那南瓜花和南瓜苗一起多少钱呢？”可珩说：“南瓜花是3元，南瓜苗3元，加起来是一共6元。”雯馨说：“怎么这么贵啊？”祖程说：“我们的菜很新鲜的，刚从菜地摘下来，非常新鲜。”接着还有其他孩子也加入了买菜游戏，孩子们进行模拟卖菜玩得不亦乐乎。

于是到了义卖日当天，星华、柏诚还有家长志愿者一起在“彩虹店”里卖菜，星华“小老板”在摆满了蔬菜的摊位前大声吆喝：“卖菜咯！卖菜咯！

这里有好吃的南瓜花和南瓜苗！快来买呀！”大人们被星华“小老板”的吆喝声吸引，前去购买蔬菜，孩子们忙得不亦乐乎，体验着收获的乐趣。家长来到摊位前问：“小朋友，你的南瓜花卖多少钱哪？”柏诚看到有客人来，兴奋地说：“南瓜花3元一把。”家长问：“那南瓜苗呢？加起来多少钱哪？”柏诚想了想，说：“南瓜苗是也是3元一把，加起来是6元！”没过多久新鲜的蔬菜就被抢购一空。

蔬菜义卖

教师的思考： 本次蔬菜义卖活动，让孩子切实体会到了劳动的光荣和辛苦，挖掘了孩子的潜能，激发了孩子动手动脑的能力，提高了孩子与外界交流的能力，发扬了孩子的主人翁意识、亲身感知体验卖菜的经验，在这个过程中孩子学会如何与人交往，并培养了计数、语言表达、认识钱币等能力。在第二次义卖时，我记得有位家长付了5元给柏诚，柏诚很认真地跟那位家长说：“您少给了1元，您买了两把南瓜苗，一把南瓜苗是3元，所以加起来是6元。”家长说：“那能不能便宜1块钱呢？”柏诚说：“最低价啦！不可以哦，我们的菜很新鲜的，今天才摘，非常好吃的，上次买过的客人都说好吃。”家长又付了他1元，还表扬柏诚真是一个会说话的“小老板”。本次义卖活动中的孩子们还受到了家长们的赞赏：“这些孩子的嘴巴太甜啦，太会说话啦，让我不得不买菜。这个活动举办得太好了，这个活动要多多举办，既锻炼了孩子们的胆量、口才，还让孩子体验了劳动的乐趣。”

三、教师小结

（一）激发孩子的学习兴趣

本次活动根据孩子的兴趣和季节选择他们喜欢的主题开展活动，让孩子根据自己的问题去进行探索，寻找问题的答案，从而完成主题活动的学习，这能够把孩子放在活动探索的主体地位。而不是在孩子提出问题时直接给出答案。尊重孩子的想法和需要，不断支持、鼓励、引领孩子，在这个过程中孩子认真观察、细心探索，经过一系列的种植体验后，孩子对南瓜种植有了更深刻的认知。

（二）拓展孩子的生活经验

活动不仅提高了孩子的主动性，还拓展了孩子的生活经验。比如南瓜种子在哪里种植是最好的？怎样才能让南瓜种子顺利发芽？南瓜种子要多久浇一次水呢？南瓜花和南瓜苗要在什么位置掐才不会烂呢？等等这一系列的问题都是由孩子引发，再由教师、孩子和家长三方合作一起研究寻找答案，动手动脑，总结已有经验，习得最新知识，引导孩子养成喜欢探究、自主解决问题的习惯，发展了孩子的社会性，拓展了孩子的生活经验。孩子们还体会到了食物的来之不易，表示会珍惜一粥一饭。

（三）培养孩子综合能力

活动通过发现问题、提出疑问、寻找答案等这一系列教学手段培养了孩子的好奇心，激发了孩子的创造力。这样的学习能够让孩子做到边玩边学，能最大限度地激发孩子的好奇心和兴趣，使孩子能够积极主动地学习知识，增强综合能力，养成良好的综合素养，以便在未来的学习中能够更得心应手地接受相关的知识。在义卖活动中，孩子亲身体验社会实践活动，社交能力、语言表达能力以及服务意识都得到了展现。

在本次活动中，我也发现了许多不足的地方，如种植方法单一，对比性较弱，在种植时可以引导孩子尝试各种种植方法，如水培、沙培等，使孩子在各种种植条件中进行对比观察，得出最佳种植条件。由于活动时间跨度较长，在种植过程中多数是带领孩子到菜地进行观察，记录南瓜种子生长的过程较少。

作为一名一线教师，我应该不断吸收最新的知识，反思自己的不足，努力地提高自身的专业水平，这样才能创设更加适合孩子发挥潜能的活动，让孩子有展示聪明的机会，这样的机会越多，孩子的探究行为就越被看得见，孩子才会更聪明、更自信、更勇敢。

（本案例照片由韶关市武江区韶新幼儿园提供）

动手齐搭建

搭建滑梯

新丰县第四幼儿园　许其玲　朱文静　丘文静

一、游戏背景

（一）游戏缘起

幼儿园的滑滑梯是最受孩子们喜爱的游戏场所之一，然而近段时间受天气的影响，孩子们一直没有去玩滑滑梯的机会。在一次区域活动中，辰辰用积木搭建了一座滑滑梯，并用两根手指模仿双腿进行上楼梯、玩滑梯的动作，玩了一会儿，他停下来忽然对我说道："老师，我们好久没玩滑滑梯了，什么时候可以去玩呢？"其他孩子听了纷纷表示自己也很想玩滑滑梯。我望着孩子们渴望的眼神和眼前这座小小积木滑梯，突然想起负一楼的碳化木攀爬架，于是我决定带孩子们一起搭建一座可以真正让他们上去玩的滑滑梯。

（二）游戏准备

游戏材料：平衡板、平衡梯、高架、矮架。

环境创设：在我们幼儿园的负一楼有一块开阔平坦的橡胶地，宽阔的场地为孩子创设了一个能充分积极探索、大胆尝试的空间。负一楼堆放了很多的运动器材和游戏材料，其中就包括此次活动需要用到的碳化木攀爬器械。材料与场地之间的距离很近，孩子在取放材料时十分方便。地上铺满了柔软的橡胶地板，为孩子在进行攀爬游戏时提供了安全的保护层。

宽阔的游戏场地

游戏材料

（三）孩子的兴趣和前期经验

孩子的兴趣：搭建游戏一向是孩子喜欢的游戏活动，况且是搭建孩子自己熟悉并且最喜欢玩的滑滑梯，孩子更是乐意至极，当与教师商量好了要进行滑滑梯的搭建之后，即使活动还没有开始，但是每个孩子都兴致盎然，期待无比。

前期经验孩子已具备了初步的建构技能，如架高、延伸、对称等建构技巧。在搭建活动中，孩子可以通过自己的想象选择材料进行排列、堆砌、组合等活动，发挥自己的主动性和创造性，自主自愿、自由选择、创新不同的游戏玩法。

二、游戏过程实录

（一）搭建前的讨论

滑滑梯怎么搭？到了负一楼，我们先围坐在一起，讨论搭建滑滑梯需要思考的两个问题：滑滑梯的结构分几个部分？这些部分可以用什么材料来制成？

伊伊：“滑滑梯是有楼梯的，还有滑道可以坐着滑下来。”

橦橦：“滑梯中间还有一个可以走的过道。”

教师：“对的，那这些我们可以用什么材料来建呢？”

辰辰：“我知道，平的滑道可以用木板（平衡板），那个可以滑下来。”

安安：“楼梯就直接用个梯子（平衡梯）搭上去。”

小煜：“中间走的过道也可以用梯子来搭，或者木板也可以，用那些架子架起来就可以走过去了。”

两人合作抬梯子

独自搬梯子

教师的思考： 孩子们讨论完毕，我本想组织孩子们商量分工，全体一起合作搭建，但孩子们都表示希望可以自由分组，自己选择小伙伴来合作，我强调了一下需要注意的安全事项便同意了。于是，孩子们开始与队友一起搬运材料搭建自己心中的滑滑梯，就此开启了好玩的滑滑梯之旅。基于孩子们对建构滑滑梯的兴趣，在讨论怎样搭建滑滑梯时，孩子积极发表自己的看法，并能想到滑滑梯有哪些结构，可以用什么材料进行建构，比如辰辰根据滑滑梯滑道平滑的特点，提议选择平衡板来当作滑道，安安提出可以用梯子来当作滑滑梯的梯子，可见他们对搭建滑梯有比较成熟的想法。虽然孩子分组的结果和我开始的预设有点差异，但我充分尊重孩子的游戏意图，把主动权交给孩子，给孩子创造无限可能的机会，让孩子在活动中能充分发挥主动性和积极性。

（二）分组搭建

开始搭建了，孩子们或一个人拖，或两三个人一起抬，把需要的材料搬到场地，各个小组都忙着搭建滑滑梯，互不干扰。宇轩用了两个高架作为支撑，放在左右两边，并用梯子架在中间作为过道；睿睿和东东则把一个矮架套在高架上，放在前面，高架放在中间，矮架放在后面，中间各用木板连接起来，搭成一个超长的滑梯……每组孩子搭的滑梯都各不相同。“老师，快来看我们搭的滑滑梯！”思思边说着边跑过来，拉着我的手去看他们组搭的滑滑梯。“你们这么快就搭好啦？”我好奇地问道。“是呀，逸凡和阿豪把材料搬过来，我和珊珊就负责搭，我们很快就搭好了。”思思说完便向我演示他们搭建的滑滑梯：“老师你看，我们可以从这里爬上去，然后在这边滑下来，另外一边也是可以这样爬上来的！”原来他们把一个矮架套在一个高架上面，然后在外边卡了两条平衡板作为滑道，里边搭上一个平衡梯，旁边还放了一个矮架，也可以作为楼梯爬上去。

相互帮忙叠高梯子

小组拼搭滑梯

教师的思考： 孩子自发形成小组，讨论各自的想法，一起商量怎样进行搭建。在一个小组的搭建游戏中，思思和珊珊负责搭建，逸凡和阿豪负责搬材料，由此可以看出孩子在游戏中的角色分工是比较明确的，有了一定的协调合作的能力。在搭建过程中，孩子把对滑滑梯的了解迁移到自己的搭建活动中，搭建的滑梯也各有特色。

但受材料限制，他们大多只搭建了一个结构简单的滑滑梯，很多细节部分展示不出来。我想，如果孩子拥有更多的材料，就一定会搭建出更加精彩的作品。

各小组搭建的滑滑梯

（三）完成搭建

大家一起动手，很快碳化木材料就被孩子们搬完了，子晴跑过来和我说：“老师，我们组没有滑梯了，木板不够用。”“是啊是啊，我们组没有梯子，我跟宇轩借他不肯，他们也不够用。”冰冰在一旁附和道。我望了一圈，发现大家的材料好像都不太够，有些小组的材料都不够搭成一个完整的滑梯，有些小组即使搭成了滑梯也只是最基础的。于是我问道：“好像大家的材料都不多，只能搭出简单的小滑梯，有的小组甚至都不够材料了，怎么办呢？”

冰冰："可能是我们分成太多组了，材料就不够用了。"

橦橦："是呀，要不我们把材料凑起来一起搭吧！"

小煜："好呀好呀，我们把自己的拆掉，大家一起重新搭一个大的滑滑梯吧！"

思思："我想建更大的滑滑梯，可是我也不想拆掉我们组的滑梯……"

老师："那有什么办法可以不用拆，把它变成大的滑滑梯呢？"

小诺："那我们就在你们组这里开始搭，你们不用拆，我们把材料搬过来，从后面接上去。"

其他孩子纷纷表示赞同，赶紧把材料搬到一起，重新开始搭建。在大家的合作之下，一座完整的大滑滑梯很快就搭好了，孩子们开始排队玩起了自己建成的滑滑梯，大家都开心极了！

滑滑梯重组

完整的滑滑梯

教师的思考： 面对遇到的问题，孩子能想出解决办法并进行尝试，同时，面对他人的建议，孩子能主动思考，乐于接受好的建议并积极配合实施。在这个过程中，孩子提升了语言表达、解决问题、社会交往等方面的能力。而在孩子探索的过程中，教师充分尊重孩子的想法，并适时提出开放性问题，鼓励孩子积极思考，大胆进行尝试，让孩子能充分发挥想象力和创造力。

三、教师的小结与反思

（一）活动特点及其对孩子学习发展的价值

《幼儿园保育教育评估指南》中明确指出："幼儿园要以游戏为基本活动。"当孩子提出要玩滑滑梯的需求时，我及时抓住对孩子教育的契机，利用碳化木攀爬架引导孩子进行建构活动，支持孩子的游戏需求。建构游戏是孩子的一种重要游戏，孩子利用积木、积塑等玩具和材料进行构造物体活动的游戏，在建构过程中，孩子通过使用材料，动手操作，构建物体来反映现实生活。天气原因长期不能户外玩滑滑梯，在孩子存在强烈的游戏需求的推动下，我引导孩子通过回忆、想象，创造性地利用碳化木攀爬架建构滑滑梯，促进了孩子创造力和空间能力的发展。同时，通过积极动手动脑进行建构，孩子的思维能力和想象能力也得到充分的激发。

《幼儿园教育指导纲要（试行）》指出幼儿园教育应尊重孩子的人格和权力，尊重孩子身心发展的规律和学习特点，以游戏为基本活动。自主探索让孩子既成为游戏的主人，也成为学习的主人。游戏材料是孩子表现游戏内容、发展游戏水平的重要物质支柱，活动材料要具有针对性和可开发性。碳化木攀爬架属于低结构材料，能够满足孩子发现、探索和创造的需要，使孩子能够在活动中对材料进行组合、加工和创新。孩子在搭建过程中，可以感知积木不同的形状、比例、大小、粗细、高矮、长短等，可以促进孩子发展数学认知。以碳化木攀爬架为材料的建构游戏让孩子在充分享受自由的同时，通过对提供的材料进行垒高、组合、拼插等技能来实现建构要求，满足自身愿望，有利于促进孩子动作技能和身心的发展。

《3—6岁儿童学习与发展指南》中指出："孩子在活动过程中表现出的积极态度和良好行为倾向是终身学习与发展所必需的宝贵品质。"建构游戏有利于培养孩子注意力及观察力、语言表达和社会性的发展。我在活动中充分尊重孩子的主体地位，让他们自由选择游戏内容、游戏材料和游戏伙伴。在积木建构中，孩子能够自由组合小组进行搭建，搭建过程中遇到困难时，孩子之间能够通过沟通解决问题，在出现材料不足的问题时，孩子能够与同伴一起建构，在积木建构游戏过程中，孩子也能够集中注意力进行建构活动，这有利于培养孩子的注意力。

（二）反思教师支持行为的适切或不足

在以往的活动中，我总是会担心孩子失败或者是孩子的安全问题而过多介入干涉孩子的活动，殊不知这样的行为会不经意间扼杀孩子的想象力和创造力，阻碍孩子在各方面的发展。在本次活动中，我则耐心等待，当孩子提出想要自由分组搭建时，我充分尊重孩子的游戏意愿，用观察与倾听追随孩子的脚步，给予孩子充分的时间和空间去猜想、试错、探究、验证与调整。活动中，我通过与孩子互动讨论，引导他们利用各种方式助推游戏的不断升级，使学习向纵深发展。在这一活动过程中，我对孩子虽有支持，但也意识到了对孩子的解读与支持还是很有限的，尤其是游戏出现停顿的时候不知道该如何予以支持。在对幼儿游戏行为的观察方面比较浅显，还需要加强自身的观察与评价的能力，不断发现与及时抓住孩子在游戏活动中的教育契机，促进孩子的各方面发展。

（三）分析可能生成的教育契机以及进一步的支持策略

在游戏中生成课程，促进孩子五大领域的发展。游戏过程中的孩子往往处于一个积极主动的过程，在此基础上可以引发孩子根据游戏进行多方面的思考，比如搭建滑滑梯的过程中需要多少平衡板，多少平衡梯、高架、矮架，才可以达成搭建好滑滑梯的目的，搭建滑滑梯需要什么形状什么特点的碳化积木，我们要怎么样才能更好更稳固地搭建滑滑梯等。这样的过程可以帮助孩子感知材料的不同形状、比例、大小、粗细、高矮、长短，促进孩子对数量、空间的感知，促进孩子建构技巧的发展以及提高孩子安全意识等。

提供多样的材料、游戏场地让孩子自主选择。游戏主动权是属于孩子的，游戏材料、场地的选择权也应是孩子根据自己游戏的需要而自主选择的。根据孩子在搭建滑滑梯游戏活动中出现的材料不足的问题，我们可以引导孩子去发现、思考，除了使用碳化积木搭建滑滑梯外，还可以使用哪些材料来辅助搭建呢？比如圆筒、万能工匠材料等。我们搭建滑滑梯的场地可不可以利用幼儿园一些特殊场地呢？如小园林的小山坡、斜坡等。由此，不断引导孩子去发现、去思考、去实践，从而真正让孩子成为游戏的主人，促进孩子的主动性和创造性的发展。

多样化表征、倾听与记录，引发孩子多层次的回顾与反思。活动后，我们可以引导孩子进行形式多样的表征，如绘画、语言、动作等，这是孩子对自己游戏活动的第一次反思。而后教师可以通过一对一倾听并真实对孩子的表征进行记录，孩子在向教师进行表述的时候又会反思一次，会再次思考自己在游戏中有哪些发现、思考和灵感，用语言的方式对自己的经验进行第二次抽象。当教师把孩子的语言用文字记录写下来后，可以再读给他们听，这时孩子会看到听到自己的经验、自己的话、自己的画以抽象的文字的形式被教师表征出来，这是孩子第三次进行提炼和反思。最后，把孩子的表征记录放到幼儿游戏记录墙上，孩子会不断、反复地去看，跟自己的反思进行对话，这是孩子第四次去梳理自己的反思。在每一次的反思过程中，包括在最后看自己的游戏故事的过程中，孩子在各个层面上不断地重现或者回忆自己所经历过的游戏，从而不断地激发并促进孩子各方面的发展。

总之，教师应在游戏中支持孩子的学习与发展，并不断总结推动孩子主动学习的经验。

（本案例照片由新丰县第四幼儿园提供）

森林幼儿园

乐昌市第二幼儿园　陈　静　朱海英　丘丽霞　谷韶阳　彭志诚

一、游戏背景

孩子自入园后就与幼儿园的所有事物息息相关，慢慢对幼儿园有了一定的认识，幼儿园里充满了他们回忆的点点滴滴。大班孩子临近毕业，最近我发现如意一直心不在焉。有一次，如意拽了拽我的衣角："老师，我舍不得大家，我不想去上小学了。"她扁着嘴，可怜巴巴的，像是下一秒就要哭出来。

我连忙蹲下去抱住她安慰，她情绪稍缓，说："我想把幼儿园记录下来作为回忆。"其他孩子看到这里，也凑了上来。皮皮说："我想把幼儿园画下来。"丽丽说："我想把幼儿园的每一个地方拍下来。"班级里讨论的声音越来越多，我请孩子们回到座位上，笑盈盈地对他们说："老师觉得你们的想法非常好，那你们一起想想用个什么办法把幼儿园记录下来留念吧！"

最后，孩子们定下来，在建构区用积木做一个森林幼儿园作为纪念。

二、游戏过程实录

（一）观察讨论，激发兴趣

在搭建活动开始之前，我带领着孩子一起游览了幼儿园的每一处角落。在搭建活动开始之前，我请孩子们来到建构区讨论搭建的计划：搭什么？和谁一起搭？在哪里搭？用什么材料？

皮皮率先开口："我想做幼儿园的教学楼！"轩语接着说道："我也想做咱们班级！"如意说："老师，我可以用积木做滑滑梯吗？"我点了点头。这时候，乐乐小朋友说：“我想做幼儿园的大门。”

孩子们叽叽喳喳地讨论起来：大门、升旗台、教学楼、操场、滑滑梯等处的制作纷纷被孩子们“承包”下来。

搭建学校

教师的思考：《3—6岁儿童学习与发展指南》指出，5—6岁孩子在语言方面应该达到愿意与他人讨论问题，敢在众人面前说话的目标。孩子在教师的引导下对本次的建构自主游戏活动具有一定的规划，以集体的目标为中心，通过语言交流对本次活动进行设计，能按照一定的程序去行动，具有初步的针对性和计划性。孩子的认知来自孩子的日常生活经验。

（二）搭建教学楼

1. 对接兴趣，初建教学楼

孩子们自由地选择同伴自主分工，开始了森林幼儿园的主题建构。佳佳和晓彤在积木架上选择了硬塑料杯来搭建教学楼的外墙。暖暖和她们一起先将硬塑料杯平铺在地面上，然后一层一层地垒上去，第一层、第二层、第三层，慢慢地她们发现材料不够了。暖暖说：“我们的材料只够做一面教学楼的外墙，而且这个外墙很容易倒塌。”“是呀，这样的教学楼可太不安全了，我们得换一个材料才行！”于是，三个小女孩儿进行了一番讨论，再一次返回到积木架上重新挑选。

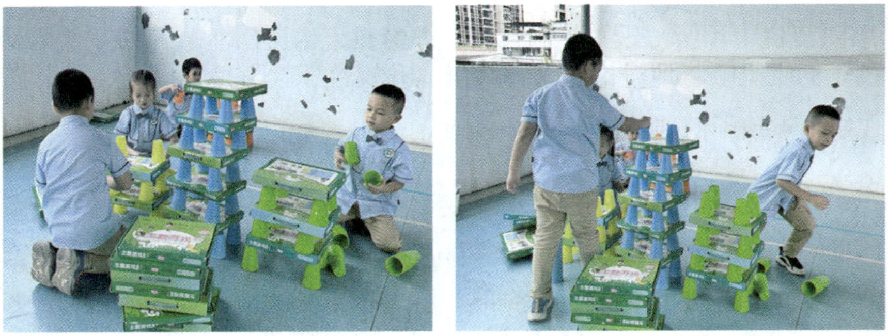

搭建教学楼

这一次我发现她们运来了纸盒、三角形木块和短木块。子瑞、峰峰将许多塑料杯放在地上。峰峰先将纸盒放在最底下作为地基，子瑞则在盒子四个角上都放上了塑料杯，然后他们又放上一个纸盒，再用同样的方式放上四个塑料杯代表着幼儿园的第二层楼，依此类推再往上垒高，这样一面墙就做好了。此时我走过去轻声地问道："为什么你们要用这样的方式来搭建呢？"他们兴高采烈地说道："老师，刚刚我们只用塑料杯搭建的时候，这个墙非常不牢固。""那为什么这一次，你们要将纸杯放在纸盒的四角，而不是平铺呢？"我继续追问道。"放在四个角可以起到支撑的作用，也可以减少杯子的使用。""哇，你们可真聪明啊！"随后，他们继续投入搭建之中，子瑞继续拼教学楼的另一面外墙，晓彤则喊来了暖暖一起在地上的两边放上两个短积木，然后峰峰搬来了长条木块放在短积木的上面，这样教学楼的第一层大门就做好了。随后佳佳用短积木用隔开的方式摆放在长木块上，只见她自言自语地说；"这样一层楼就有好多教室啦！"最后，他们用三角形木块封顶作为屋顶，这样森林幼儿园的教学楼就已经初具雏形了。

教学楼粗具雏形

教师的思考： 这次搭建的教学楼与我们平时建构活动中所搭建的房子有所不同，但是我们可以看见孩子在搭建的活动当中能够相互协商，在发现用塑料杯搭建容易出现倒塌问题之后，他们能够团结合作专注地寻找问题的原因，并且尝试去寻找新的材料解决问题。这也表现出孩子解决问题的能力正在不断提升。

教师作为孩子自主游戏过程中的陪伴者，更多的是观察孩子的游戏行为，在孩子遇到问题无法解决的时候，用平行示范策略，悄悄地支持他们；也可以加入孩子的游戏中，让孩子尝试去表述自己在搭建过程中的发现和成果。

设计教学楼

2. 众志成城，改造教学楼

孩子已经搭建好了他们心中的教学楼，他们正在向小伙伴们介绍着自己的作品。但这时琪琪说道：“咦，这个教学楼好像有点小。”彤彤也回应道：“对哦，幼儿园里有很多的功能室。”“对呀，教室里还有很多小朋友，教学楼要变得更宽更大一点。”此时其他孩子都在纷纷地替他们出主意。暖暖说：“别着急，我们再去重新设计一下图纸吧！”

回到教室以后，他们把今天搭建的过程绘画了下来，记下了自己的想法，并一起讨论重新绘图，进行设计和改造。

在第二次区域活动的时候，暖暖正在看图纸，此时的她就像是一个小小工程师，而佳佳和子瑞正在积木架上选择这一次所需要的材料。晓彤和峰峰则将积木运输到搭建的区域中，大家都在有目的、齐心协力地进行着建构。

这一次他们改变了原有的策略，峰峰和晓彤正在两边用垒高和延伸的方式将大积木和长方形积木拼接在一起。只见他们在地上打好地基，而后将长方形积木平铺在上面，采用的垒高、架空、延伸的技巧，间隔出教室和班级。“这下我们的教学楼变得又宽又大了。”两个小朋友开心地笑道。暖暖则拿出来彩色的泡沫进行搭建，作为教学楼的大门。有了先前搭建纸盒和塑料杯的经验，这一次佳佳和子瑞很快就搭好了。不过这一次这个地方不再是外墙，而是变成了幼儿园的多功能室。他们高兴地说道：“现在有好多的功能室了。”“我们再去拿一点花坛作为装饰，让这个教学楼变得更漂亮吧！”“好！”这次他们终于搭建出了心中满意的教学楼了。

用积木搭建教学楼

教师的思考： 这一次教学楼搭建过后，我对孩子的操作表现的前后变化进行了总结和梳理：大班孩子在此前已具备基本的建构技巧，在初次搭建教学楼的活动中，可以看得出孩子能够运用平铺、垒高、架空等技能。在发现搭建的教学楼比较小型的时候，他们可以通过合作交流，重新设计图纸并讨论搭建过程所需要的材料。这体现了孩子在操作过程中合作的意识正在逐渐地发展，游戏更具目的性，能够在合作中完成自己的任务。

（三）搭建滑滑梯

1. 初建滑道，遇见问题

洋洋和童童此时正在搭建滑滑梯的主体部分。彤彤在滑道的部分将积木竖立起来，并使之间隔一定的距离，以此作为滑道两侧的支撑柱。然后，她在上面放上长方形积木作为滑道。洋洋用正方形木块在旁边搭建台阶和上下的楼梯。经过一阵子的努力，孩子们搭建出了一个简单的滑滑梯，他们十分高兴，但是我发现滑滑梯并没有防护的部分。于是我拿出了娃娃玩偶。在搭建好过后，走过去说："我们一起来玩滑滑梯吧。"在滑的过程中，娃娃玩偶出现了掉下去的情况。"哎呀，这个滑滑梯的质量有点不过关啊，太危险了，怎么办呢？"然后我请孩子们一起积极地出谋划策。文文说："我记得滑滑梯的两边是有扶手的，不然小朋友会掉下来的。""那你们会怎么来改造这个滑滑梯，让它变得更安全呢？"于是，孩子一起正在探索和讨论，只见他们根据自己的想法为此设计了图纸，并相约下一次一起合作搭建。

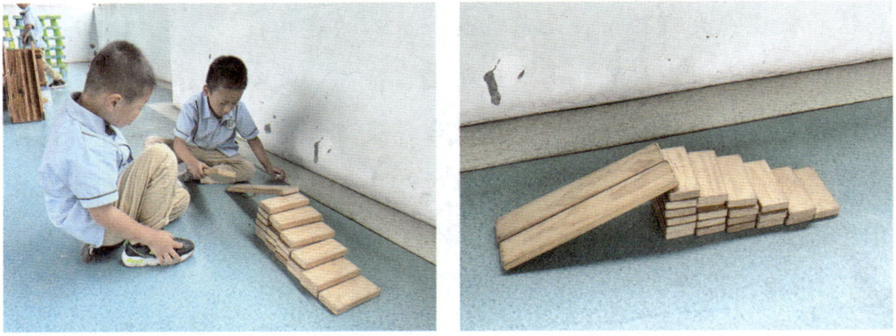

搭建滑道

教师的思考： 大班孩子已熟练地掌握了基本的建构技能，从孩子搭建的过程中，我们可以发现他们对滑滑梯的基本造型有一定的认识和了解。当教师以同伴的身份介入游戏当中时，让他们发现滑滑梯出现了不安全不稳固的现象，引导他们去思考并尝试进行修改，让他们自主地发现问题并解决问题。教师在游戏的过程中，要给予孩子自己注重建构过程带给孩子的教育价值，而并非追求建构所带来的结果。

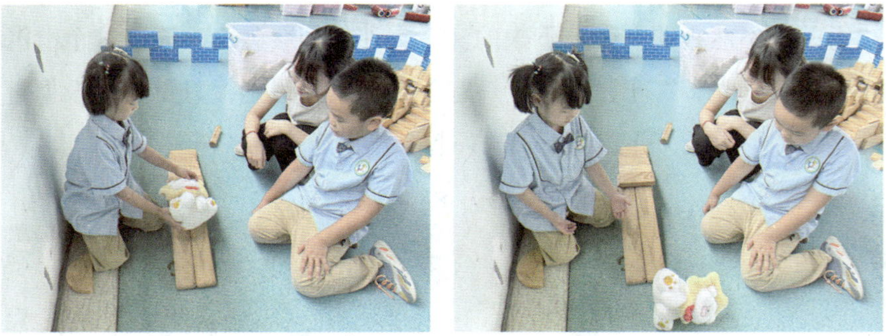

试用滑道

2. 改变策略，再次挑战

今天孩子们兴致勃勃，更加有信心，他们拿出提前设计的图纸正在合作分工。由于有了之前搭建的经验，孩子们很快就完成了主体的构造。童童负责楼梯，洋洋负责滑梯，冬冬负责搭建站台，大家都已经开始动起工来。

冬冬拿出奶粉罐，将两个奶粉罐垒高，作为站台的立柱支撑部分。他在四个奶粉罐上用长条积木作为连接，并在上面平铺上积木。站台的两侧则用短的方形积木作为扶手部分，以保护安全。这时，站台的部分就已经完成了。

由于用奶粉罐加高过后，滑滑梯不再像上一次只是简单第一层。只见童童拿出方形积木正在一层一层地搭建楼梯的部分，并用正方形短木块摆在楼梯的两边作为扶手。洋洋将长积木斜放作为滑道，并将小块的正方形积木竖着放在长条木块上作为扶手。搭好后，她不小心碰到了，教师想看一下她会采用什么样的办法去解决这个问题。随后，她拿出了长木板扶手，然后她发现这样搭出来的扶手非常容易倒塌。这时我并没有向前走去帮助她，洋洋将它竖着摆放在滑道的两侧的地面上，然后调整了长木块，使它与扶手之间连接得更加紧密。并用同样的方式她一共搭建了三条滑道，这样既节省了积木，也完成了滑道的主体和两侧扶手的搭建。我走上前去询问："你们搭建好了吗？"孩子们你一言我一语地说道："我们的滑滑梯一共有两层，有三个滑道，现在非常安全，我们一起来玩吧。"

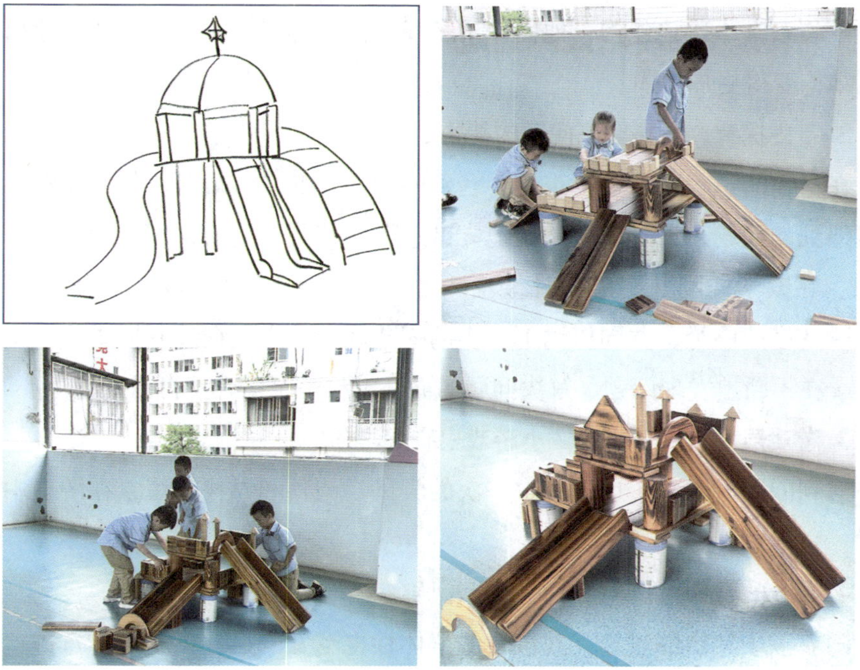

升级版滑道

教师的思考： 从这一次的搭建情况来看，孩子对于滑滑梯的建构已经有了更多的想法。由于有了前期的搭建经验，这一次他们给滑滑梯加上了扶手、站台和围栏，使得搭建的滑滑梯更加贴近实际。大班孩子已经对建筑物的造型有一定的预估能力，他们能够一边搭建一边发现问题，并尝试进行调整材料和结构，通过分工合作，搭建出他们心目中的滑滑梯。

三、教师小结及反思

（一）小结

大班孩子即将离开幼儿园，对于幼儿园充满了不舍和眷恋。此次搭建森林幼儿园是由孩子的生活经验和现实情境引发的，是孩子对生活经验的反映和再现。在这一主题中，孩子自始至终在活动当中都是游戏的主人，是游戏的发起者、参与者和推动者。孩子在游戏中自主讨论，有目的地选择材料搭建出森林幼儿园。随着自主游戏的不断推进，孩子各方面能力都有了一定的提高。

1. 作品从简单到复杂，建构能力不断提升

在最初搭建教学楼和滑滑梯的时候，他们都搭建得比较小或者是比较简单。随着一次一次地建构，他们使用垒高、架空等建构的技巧，使构建出来的作品结构变得更加牢固。

2. 自主探究，提高解决问题的能力

在搭建的过程中，孩子难免会遇到问题。但是在游戏时，他们能够根据自己所遇到的问题，通过一次一次地尝试、调整和同伴商量，积极地寻找对策。例如，在教学楼刚开始搭建时，教学楼比较小而且没有功能室。他们通过协商，改造搭建图纸，共同探讨下一步的搭建计划等方式继续开展游戏。这体现了孩子在不断地发现问题、解决问题的循环过程中，提升了自己的能力。

3. 游戏层层递进，实现“小游戏里有大学问”

遇到问题时，孩子通过一次一次的尝试、调整和寻找对策，在游戏中小步前进，自我发展。

4. 游戏的合作意识和目的性逐渐增强

随着孩子年龄的增长，其游戏的群体性也越发凸显，孩子更愿意进行合作游戏。孩子在合作游戏当中想象幼儿园的摆设，游戏已经具有一定的主题和情节，孩子在游戏过程中大胆尝试不同的创新玩法。在整个自主游戏活动当中，孩子的专注力和合作能力得到了提升。

（二）反思

在这一段时间观察孩子的游戏中，孩子在遇到困难时能够坚持不懈，让我明白了孩子对建构游戏是非常感兴趣的。教师也应该不断总结、反思，以此更好地帮助孩子获得成长。

1. 支持孩子的需求，遵循孩子的发展

在游戏中，孩子从简单的材料到种类丰富的选择，运用架空、延长、垒高、连接的技巧进行搭建。教师在日后的建构游戏中，可以为孩子寻找可以利用的材料，丰富搭建材料的类型，使得游戏变得更加丰富有趣。教师还应抓住孩子的兴趣，把握时机，关注孩子的“最近发展区”，鼓励孩子对身边的材料进行深入、持续的探索。

2. 追随孩子行为，适度有效介入

在游戏过程中，教师要成为幼儿游戏活动的支持者、引导者、合作者。比如，在发现滑滑梯没有扶手的时候，教师以游戏参与者的身份介入，引导孩子发现问题，解决问题，逐步深入地修改。

3. 教师要做到等一等、放一放

教师在游戏时应该管住手、管住嘴。做到瞪大眼睛，竖起耳朵，对孩子在游戏中的表现进行深入的观察和了解，让孩子做游戏的主人。要给孩子试错的机会，看到孩子的内在需求和成长。

4. 引导孩子的构思能力，在集体中完成任务

到了大班阶段，教师可引导孩子在建构活动前期对于活动的整体布局进行大致安排，尝试整体布局，有目的、有计划地进行建构活动。学习讨论、分工，并商量一定的设想，这样才能够在活动当中完成一件较为复杂的搭建工程。

（本游戏案例照片由乐昌市第二幼儿园提供）

一瓦一世界

韶关市武江区新华幼儿园　黄建荣　张秋洁　卢华莹

一、活动背景

在去乡镇支教的小镇上，看到路边有村民丢弃的一堆瓦片，出于职业的习惯，我把瓦片运回了幼儿园，经过清理消毒后放在班级的游戏区域里，希望能派上用场。伟宏眼尖，很快就发现班里的新游戏材料，拿起来左看右瞧，不知道是啥，好奇地问身边的孩子："这是什么，可以用来做什么？"很多孩子都摇摇头，表示不知道。这时，媛媛小朋友得意地说："我知道，这是我奶奶家老房子屋顶上的瓦片。"是的，乡镇的孩子也许会对瓦片有一定的认知，但对城市的孩子来说，瓦片是很陌生的。

游戏开展前，我们组织孩子讨论："这些瓦片可以用来做什么？"有的孩子说可以玩丢手绢的游戏；有的孩子说可以玩保龄球的游戏；还有孩子说可以盖一间房子……基于孩子对瓦片的好奇心，为满足孩子学习探究的需要，我们决定根据孩子的兴趣、需求和愿望，尊重孩子的想法，用他们想要的自主游戏形式开启了"一瓦一世界"的游戏活动。

二、活动过程实录

孩子的兴趣和前期经验：好奇心是孩子自主游戏的前提，我牢牢抓住孩子对瓦片的兴趣，针对孩子关注的瓦片从哪里来，瓦片有什么用，瓦片可以玩什么游戏等问题，通过绘本故事、观看视频、谈话、讨论、参观等形式，帮助孩子建立与瓦片相关联的知识和经验，激发孩子对瓦片研究的好奇心和学习兴趣，根据幼儿游戏的需求，提供丰富的、有层次性的游戏材料，满足孩子自由、自主、创新、发展的游戏和探究的需要，促进孩子的全面发展。

第一组：丢手绢引发的游戏

雨淅带着几个孩子来到比较空旷的地方，玩起丢手绢的游戏，她自告奋勇地当起小组长，一上来就讲要求："小朋友要围成一个圈，一边唱歌，我把瓦片丢到谁的后面，谁就来追我，知道吗？"大家同意后，游戏开始了，可是由于小朋友的圆圈围得比较小，她没有跑到追他的小朋友位置上，小组的小朋友认为她输了，雨淅不服气，与小伙伴起了争执，最后决定，用瓦片玩追人游戏，她说："谁没有跑到追赶人的位置上，谁就输了。"

第二轮游戏开始了，这次游戏规则定下来，可是几个孩子玩了一会儿又没有了兴趣。这时雨淅数落小朋友："圆圈太小了，手要拉长一点，大一点才好玩。"倩文说："丢手绢没有趣，不想玩了。"其他几个孩子也不想玩，这时雨淅着急了，说："那就不玩丢手绢，我们玩抢瓦片游戏。"这次只有3个孩子参与，其他孩子在旁边看。抢瓦片游戏开始了，由于之前没有讨论游戏规则，孩子们从起点起跑后拿的瓦片不一样多，于是提出要拿一样多的瓦片；第二次游戏，雨淅拿4块，倩文2块，小丽3块，游戏也草草收场，似乎没有激发孩子的游戏欲望，这组孩子各自分散到其他小组的游戏当中。

丢手绢游戏邀请其他小伙伴

想用瓦片搭房子

教师的思考：①孩子按照自己的想法分组后，可以看到这组的孩子有较强的想象力，能把传统的丢手绢游戏经验迁移到游戏中。在游戏当中能够自行制定规则，能根据存在的问题在协商下调整规则，说明孩子们有较强的发现问题和解决问题的能力，并且在大家热情不高的情况下玩出新玩法，游戏水平较高。②在游戏过程中，雨淅始终是游戏的主导者、引领者的角色，剥夺了其他伙伴表达想法的机会，这也是这组小朋友游戏不能持续开展的原因之一。③本次游戏的组织，本意是想发挥孩子的想象力和创造力，给孩子更多的自主自由游戏空间，让孩子大胆尝试各种游戏玩法，提高孩子发现问题和解决问题的能力，因此从头到尾都没有给予孩子意见，教师没有介入，所以第一组孩子草草收场，无法延伸。可见，教师在游戏中的适当介入，及时提供材料和提示，提出合理的建议非常必要。

第二组：瓦片保龄球

在小朋友讨论玩瓦片的玩法后，嘉豪等几个孩子兴奋地拿平时玩的足球就往瓦片堆里滚过去。“哗啦”瓦片发出的撞击和倒地声引起了他们更大的兴趣，于是几个孩子讨论一起玩“瓦片保龄球”游戏，组成了不同的小组。

1. 保龄球怎么玩

几个孩子在瓦片堆里拿了几片瓦片出来，利用瓦片的弧度让瓦片立起来，并一字排开，然后跑远了把手中的足球篮球向瓦片滚过去。嘉豪和小余的距离比较近，击倒了几片，还把其中一片对半打烂，但是跑得比较远的伟宏和小林的打偏了，连瓦片都没有碰到。小余大喊：“赢了，一箭三雕。”

“我们再试试。”几个孩子低着头跑到瓦片旁边，尝试把倒下的再立起来，但是碎成两片的瓦立了几次都倒下，他们一直看着我。

我把几个孩子叫过来分析：“刚刚嘉豪他们为什么能击中保龄球？伟宏和小林没击中？”几个孩子回过头看了看刚刚的游戏地方。

嘉豪：“我们的球不一样。”“还有什么原因吗？”

“他们的都太近了。”没有打中瓦片的伟宏闷闷地说。

“哦，你们的意思是我们得确定一下距离？”于是几个孩子根据地上的标志确定了统一的距离。

又问：“可是怎么知道谁赢了呢？”

小余说：“数瓦片数，看谁打倒得多就赢了。”

“你们记得住吗？”“那我们用纸和笔记下来吧。”于是，几个孩子跑进旁边区域找了一些纸和笔。

孩子把瓦片围起来玩保龄球

孩子商量决定记录成绩

教师的思考：①在讨论瓦片怎么玩的过程中，几个男孩儿想要玩保龄球。中班下学期的孩子，只是想到玩，怎么玩，怎么安排，有什么规则，除了小余能说得出“把球推过去打倒瓦片”，其他男孩儿只是觉得瓦片被打倒的瞬间很好玩，于是一开始便出现规则没有统一的问题。②在第一次随意推球过程中，又出现了“打中”“打不中”“打中多少”等问题，可以看到孩子已经有了基本的数量概念。我根据他们出现的问题，试着引导孩子自己去观察和思考，使其制定他们自己的游戏规则。于是他们在讨论中，就打不中的原因提出：可能是球不一样，可能是距离不一样，也可能是其他的原因哦，给予孩子观察、思考、探索的空间和时间，根据他们提出来的问题，提供了纸笔等材料。

2. 怎么记录分数

有了纸和笔，几个孩子又赶紧拿起球准备把瓦片推倒，但是谁都想第一个推球，于是在争议中，在教师的见证下，他们利用“石头剪刀布”定出了比赛顺序。小余是第一个推球的，推完之后，他跑到旁边在纸上写了一个“3”，然后帮后面的同伴也用数字记录下来。

一轮过后，白纸上出现了4个数字，问题也出现了。几个数字不知道哪个是谁的。“我不知道这是谁的得分，第一轮你们记得住自己，几轮之后怎么知道谁赢得多。”我看着几个孩子说。

“我画个笑脸。”小余在代表自己数字旁边画了个圆形笑脸。“他就画一个长方形笑脸。”小余看着小林继续做起记录员的工作，“你的呢？”他抬起头问嘉豪，嘉豪说：“那我还是一个笑脸。”“我画一个三角形笑脸。”小余认真做好兼职记录员工作。最后是伟宏，这次他还是一个都没有击中，所以一直很安静。“那就画一个半圆形笑脸吧。”小余给伟宏建议，并与伟宏达成了共识。

第二轮游戏开始，这次的游戏中，上一轮失利的伟宏默默地跑到旁边做记分员，并且帮同伴把分数都记下来。在第二轮集中计分的时候，伟宏少了第二轮分数。“你要不要再试一下？”我问道，他想了想，跑过去自己摆好，小余在边上帮忙记分。在大家的鼓励下，他终于推出了第二球，并且击倒了2片。于是他们又围坐在一起，进行了第二次记分和分析，为什么有些小朋友能够击倒得比较多？小余还在一边计算：“我的两次合一起有5片。”

孩子商量不同的形状

在看第二轮得分

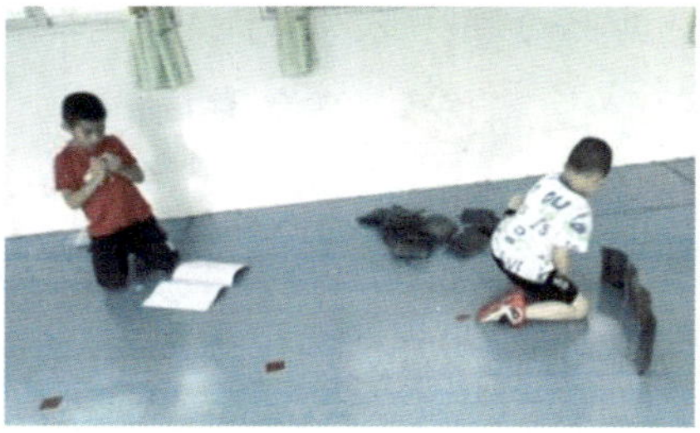

在大家鼓励下再次尝试

讨论第二轮比赛后的结果

教师的思考：关于怎么记录得分的问题，孩子给了我很多的惊喜。

首先，是中班下学期的孩子，已经能够比较娴熟地用符号记录得分，虽然一开始是比较无序的，但在教师的提问下，他们快速自行商议用不同形状笑脸区分不同孩子，这应该得益于我们从小班开始的餐后活动计划，他们每天都会用自己的方式和符号做区域计划，所以对于记录并不陌生。

其次，是几个男孩子间的默契和对同伴的关注，第一轮过后，伟宏由于各种原因没有得分，记录的孩子虽然在说“零分”的时候大笑，但第二轮时，看到因为受到挫折不想再去玩第二轮比赛的伟宏，大家都很默契地鼓励他“你去试试”。这也给了伟宏信心和力量，虽然这一轮他最后只击中2片，但可以看出他心情也好起来，能参与大家的讨论。

最后，这班孩子的数学能力、观察思考和协商合作能力也让我吃惊。我园一贯坚决执行国家教育方针，没有“小学化”的问题，但是在这次活动中，看到几个男孩子的数理基础都是比较好的，他们不仅仅能够用符号进行记录，还能用数字进行记录；不仅能用数字记录得分，小余还有了基本的加减数学概念，知道把两次“加起来”是5。这在后来与家长沟通中得知，家里也没有刻意地教，只是这个孩子很喜欢看数理逻辑类的书，家里也根据兴趣买了一些，所以他对数量的理解比同龄孩子更快。

3. 怎么击倒更多瓦片

在这次的瓦片游戏中，根据孩子的意愿，我们将游戏场景搬到了户外。游戏前，教师把孩子昨天的瓦片保龄球游戏记录表拿出来给大家看，帮助孩子回忆昨天没有解决的问题。昨天提出“球不一样”的伟宏，今天还是拿了个足球，跟其他拿篮球的孩子不一样，于是几个人商量“要不要换球”的问题，并把问题抛给了旁观的我。“老师可以再去找一样的篮球，你要换吗？”几个孩子围着伟宏，他犹豫了一下，最后决定换成篮球。

球的问题解决了，接下来就是玩保龄球游戏了。

“昨天你们拿了几片瓦？”我问道。

“原来有7片，可是后来碎了一片，它们后来就变少了。”小余说。

“保龄球多还是少的时候容易击倒更多？”我又把问题抛出。

“哦，我知道了，我们今天就用6片瓦片吧。”还是小余最先反应过来。

于是几个小伙伴退到了起点线，他们决定轮到谁就谁自己摆。

嘉豪自告奋勇地第一个进行击球，只见他把6片瓦片一字排开，小林看见后跑过来帮他摆得很紧密。

“你怎么把几片瓦片摆得那么紧？”我看着小林把瓦片一片挨着一片就问道。

“击球要击中间，这样就可以把旁边的瓦片碰倒。”小林边摆弄边说。

嘉豪接受了这个形状，并击中了5片，他跑去旁边记录得分。

轮到伟宏时，嘉豪跑过来说：“我觉得还有办法。”只见他把原本一排6片瓦变成了两排。小林在旁边看着，我走过去问："为什么要这样横着摆？""这样挨得更近一点。"后面的同伴也同意了这个办法。但是，伟宏用这种两排的办法都只是击中4片。

小林走过去说："还是挨得不够近。"几个孩子又围过去，只见小林把原本2排的6片瓦片抱团儿一样紧贴在一起，几个孩子都想去试试这种办法，最后没有玩的小林进行了这个造型的尝试，但还是没有全部击倒，只倒下了5片。

游戏快结束的时候，我把几个孩子叫过来，根据他们的得分，让他们各自说说用了什么办法，怎么摆的。几个孩子都一致同意要"挨得紧一点，不要分太开"。"对，发动力就强一点。"小林一直强调他的发动力。"小余你有什么办法？""要很密很密的缝。"小余说着又走到瓦片旁边说："还有一种办法是这样。"只见他利用瓦片的弧度把所有瓦片围成一列，然后尝试击球："前面瓦片倒了，一片打倒一片，像我在家里玩积木一样。"

游戏前商量要不要换球

孩子对瓦片造型进行调整

小林认为瓦片挨得紧，一点击中发力点

小余说瓦片一片挨一片，互相碰倒

教师的思考： ①今天的游戏基本上解决了前几天的问题，孩子换了统一的球，并且把主动权给到每个孩子。可以看到，小林应该是个比较喜欢关注机械的孩子，他说出"发动力"时，我问："什么是发动力？"他解释："就是中间的力量，可以碰倒其他的力量。”虽然他可能也不知道什么是发动力，但是他已经找到了玩保龄球的诀窍“挨得紧一点，碰倒的力量”。在今天的游戏中，小余把自己的生活经验进行了迁移。因为在家里用积木玩过多米诺，所以他在小林不断重复的“挨得紧一点”“发动力”中想到了曾经玩过的多米诺游戏，在游戏结束前想到了更紧密的摆法和造型，成功击倒了6片。②本次游戏中，每个孩子都能积极参与，并且通过同伴的经验，不断汲取失利的原因，吸收别人的建议，共同商量更好的办法进行游戏，我在这几个中班孩子身上看到了专注、认真、探索精神、不怕困难的良好学习品质。当时他们选择用瓦片玩保龄球，只是觉得好玩，喜欢瓦片整堆倒地发出的声音，但是在玩保龄球的过程中，他们不断发现、探索、尝试，相信这会给他们今后的游戏带来更多有益的经验和启发。

第三组：沙池上的房子

1. 围绕在沙池中搭建瓦片房子展开的讨论

有孩子想到了在沙池中搭建瓦片房子的创意，这次在活动前，我们进行了讨论、设计：你想在沙池中建造什么样的瓦片房子？雨淅画好设计图给倩文介绍着：“这是我用瓦片搭的房子，这个弯弯曲曲的也是瓦片做的，我还可以用积木搭成下面这个正方形。”小南说：“我们还要挖水渠流到这个房子里，要挖很多，因为有很多的房子，我们一起出发吧。”“好哇！”大家异口同声地回答。在沙水池边玩瓦片保龄球的孩子也被吸引了，大家决定都去沙水区建房子。梓维带领着嘉豪等来到建筑区，寻找合适的材料，有圆柱体、长方体、半圆形等，大家喊着号子一起将选好的木材运往沙池。

讨论并分享设计图

教师的思考：①孩子将在地面上搭建瓦片房子延伸到在沙池中搭建瓦片房子，作为教师，我们允许孩子有不同的想法，所以在沙池搭建房子前，我让大家按照自己的想法进行设计。②孩子在设计完瓦片房子后还进行了讨论分享，展现出已有的生活经验与对搭建房子的简单理解。

2. 如何搭建瓦片房子

来到沙池，梓维很快就组织嘉豪一起拼搭，梓维选择了两块长方体拼搭成一个三角形，并在三角形下方利用瓦片围起了围墙，接着他又在房子后面加了一块长方形木块。而榆博则利用3块长方形木块搭建房子的底座，上面架着一块像“桥”的积木，屋顶用瓦片进行搭建。不一会儿，各种各样的瓦片房子搭建好了，有圆形的，有三角形的，还有组合形的房子。

搭建三角形房子组合型房子

组合型房子圆形房子

教师的思考：①可以看出，孩子已有一定的拼搭经验，《3—6岁儿童学习与发展指南》中指出，4—5岁的孩子“能感知物体的形体结构特征，画出或拼搭出该物体的造型”，在前期的准备中，孩子纷纷设计了自己的瓦片房子，所以一到沙池，他们都能很快找到所需材料拼搭出不同形状的房子。②孩子对瓦片房子的拼搭还停留在简单的材料上，至于房子的结构是怎样的，还需要什么材料等问题，孩子还不够深入了解，因此在活动的最后，我和孩子进行了讨论、分享：除了我们搭建的瓦片房子外，现实生活中的房子是怎样的呢？

3. 围绕瓦片房子的讨论

在初建瓦片房子活动后，我组织孩子进行了分享、讨论：

教师：“你的瓦片房子是怎么做的？”

菲菲："我先用瓦片围成了一圈，又用了长长的木棍，还用沙子把木棍埋住，这样就不会倒了。"

榆博："我第一步先把三块木头放在下面，第二步拿了一块木头盖在上面。"

教师："我发现小朋友搭建的房子都只有一层，可我们的楼房都有几层呢？"

孩子们："2层、5层、12层……"

教师："我们在现实生活中还有哪些房子，它们是用什么材料搭的？"

梓维："它是用了砖块和瓦片搭的。"

教师："用了哪些不一样的材料？"

榆博："砖块。"

教师："那下次我们也利用砖块搭建一个更大的房子，好不好？"

孩子们："好！"

教师的思考：①在分享瓦片房子的过程中，菲菲和榆博能清楚地将自己制作瓦片房子的顺序表达出来，但在圆柱体、半圆形、长方体的形状描述中还不是很准确，只用了简单的词语进行描述，在今后可多引导孩子感受生活中各种物体的形状特征，并使其尝试识别和描述。②孩子在活动过程中，都已掌握了拼搭小房子的经验，但对于如何拼搭出更大的房子产生了疑问，对搭建房子还可以用到哪些材料也不甚清楚。因此我组织孩子进行了讨论，在分享中，孩子发现建房子需要用到砖块，于是，在下一次的游戏过程中，我们需要为孩子提供新材料——砖块，让孩子的搭建游戏更具挑战性。

4. 在房子周围建水渠

小房子搭建完成，在等待新材料——砖块到来的同时，泽林开始利用瓦片搭建水渠，他将瓦片一块块地连接着，连接完成后他进行了第一次流水实验，并遇到了问题——水流不过去。

梓维看见了说："有些流过去了，但这里的水道还没搞好。"

泽林："那我们试一下压缝法，把这些沙子弄掉。"

梓维："对，试一下压缝法。"

嘉豪："再拿多一些瓦片。"

说着，泽林认真地将一块块瓦片重新摆放，将留有的空隙压住，第二次流水实验，又出现了新的问题：水流流过去几块瓦片后又倒着流回来了。

这时泽林发现："你看，这里已经过高了水流不过去。"

梓维也发现了并说："对，太高了。"

大家将瓦片重新拼接，嘉豪挖沙将低处垫高："把这些垫高一点水就可以流过去了。"形成了一条由高到低的瓦片水渠，第三次流水实验，水流终于流过去水渠啦！可是过了一段时间，嘉豪发现瓦片中的水流出来了。

开始搭建瓦片压缝法

发现瓦片高低的关系，用沙子填满低的位置

教师的思考：①中班的孩子喜欢接触一些新事物，经常问一些与新事物有关的问题，常常动手动脑探索物体和材料，并乐在其中。泽林在第一次发现水流不过去时，继续探索材料，发现是因为瓦片之间存在缝隙，便尝试用压缝法，重新进行摆放。②随着嘉豪又发现"瓦片中的水流出来了"的问题，他叫来梓维开始寻找材料，可以看出，嘉豪有一定的社会性经验，当出现新的问题时，能够组织其他的小伙伴加入自己的探究小组。③教师在组织游戏过程中，没有过多去干预孩子的游戏，当孩子发现问题时，会向同伴寻求帮助，对于孩子产生的新问题，教师可以在活动分享时组织孩子一起探讨，如为什么水会不见？有什么可以"固水"的材料？并在阅读区中投放有关沙子的流水性的相关书籍，供孩子查阅。

5. 从瓦片水渠到水塔

面对瓦片中的水流出来的问题，泽林和梓维寻找可以储水的工具，雨浙在建房子挖沙过程中，挖到了宝物"塑料袋"，正当雨浙准备将塑料袋拿走时，梓维看见赶紧叫住说："别扔掉，它可以防水，我们试一下能不能把那些水留到房子里。"只见梓维将塑料袋小心翼翼地放在沙面上，用瓦片压住，再一次打开水，发现塑料袋可以将水保留住。成功把水引到了房子，于是梓维和泽林决定将房子改建成水塔。

泽林兴奋地叫了起来："到了！成功啦！"

梓维也开心地说："这是我们的水塔，已经储存好水了。"

泽林说："如果有人想用水，就可以来这里接水，如果有洒水车没水了也可以来这里接水。"

发现塑料袋，利用塑料袋储水改建水塔

水塔完成

教师的思考：①随着孩子的发现与提问，越来越多有趣的活动被推进着，利用塑料袋的密封性，孩子在"水渠"的下面垫了塑料袋，这样瓦片就可以留住水流。孩子们在探索与尝试之间，发现不同物体的特性。②从瓦片水渠的探究到最后孩子们决定改建水塔，孩子结合了生活用水的经验，建筑了水塔方便人们的使用。③教师支持和鼓励孩子在探究的过程中积极动手动脑寻找答案或解决问题。当孩子们一次次发现问题的时候，我们要做的是给孩子更多的时间和空间，支持和鼓励他们大胆猜想、验证。在活动中，我认为教师还可以在最后的分享环节中，鼓励孩子将自己今天发生的学习故事记录下来，通过记录帮助孩子丰富观察经验，建立事物之间的联系和分享发现。

6. 利用砖块搭建更大的瓦片房子

问题1：如何利用砖块进行搭建?

活动开始，我向孩子介绍了新的材料——砖块，让孩子完善瓦片房子。梓维很快跟嘉豪、泽林等组成一队，在空旷的地上梓维用手指画了一个范围，并召唤小伙伴："你们快帮忙来运砖块。""围着我画的线，摆一个长方形。"

雨浙等听到后纷纷一起运砖块。泽林蹲下开始围着梓维画的线进行拼搭并对雨浙说："这里要放一个长方形和一个正方形。"大家按照泽林的规划搭建着。当搭建到门的时候，梓维说："这里要做一个门。""好啦，门做好了，开始建第二层。"泽林："第二层就需要很多长方形了。"泽林边说，雨浙边做。

问题2：砖块不稳固怎么办？

过了一会儿，砖块搭到了第3层，但是孩子们发现了问题：砖块不稳固。于是泽林将一些沙子放在砖块上当作水泥。

教师："这些沙子有什么作用？"

梓维："这里要有沙子，不然房子会不稳。"

问题3：瓦片如何搭在房子顶上？

随着房子准备封顶，孩子又遇到了新问题：瓦片如何搭在房子顶上呢？

教师："你们有什么办法让瓦片架在这里呢？"

梓维："把长方形砖块朝向里面，瓦片就可以放进去了。"

教师："那把里面填满了，人就不能在里面活动了呀，你们抬头看上面的屋顶，是什么在支撑它们的？"

嘉豪："柱子。"

教师："对，还有什么？"

嘉豪："还有钢铁，把它抬起来。"

教师："是的，我们这里也需要什么东西把它架空，这样我们的瓦片就可以放上去了。"

嘉豪："那我们去找一下吧。"

嘉豪、伟宏等寻找了一些圆柱体，但发现都不是合适，于是，他们在建构区寻找材料，发现了长方形木板。随后大家小心翼翼地将木板架在砖块上。

泽林："木板之间不能留空隙，不然会漏雨呀。"

嘉豪："要根据长度来放。"

最后，大家选择了合适的木板架在砖块上，再将瓦片一块块成功地搭建在木板上，这样，简易的砖头瓦片房子就做好啦。

发现架空的原理

寻找材料利用木板架空瓦片搭上去

教师的思考： ①在本次活动中，由于场地和区域都是开放的，材料都以低结构为主，这给了孩子很大的发挥空间。②在游戏中，孩子能够协商，但是建构方法比较单一，都是用垒高重叠的办法。在教师指导介入后，孩子想到了以架空的方法搭建屋顶。③泽林在一开始的建筑中，按照一个长方形一个正方形的规律进行排序，在第二层的搭建中，知道要压住下面的一层缝，不然建筑会容易倒，在泽林的带领下，大家都有序地拼搭着，看得出来泽林对砖块的连接方法有一定的经验。④对于将瓦片架在屋顶上的方法，一开始孩子只想到将里面填满沙，我引导孩子看向我们的房顶是有什么支撑着？孩子很快就想到利用木板进行支持。

第一次搭建的砖块瓦片房成功了，在分享过程中，我们发现砖块瓦片房的砖块不稳固，很容易就掉下来了，有孩子提议重新搭建一次，有孩子提议要加水泥，在孩子的需求下，我认为教师应为孩子提供充足的材料，供孩子深入探究。

7. 如何将砖块稳固

今天的活动为孩子提供了新材料——砌砖粉，孩子按照说明书提供的比例将沙、水、粉混合，梓维负责将水泥准备好，泽林则是找了一片空地用工具在地上画了一个正方形，准备搭建一个正方形的房子。四人合作一边搭建砖块一边在砖块上填上水泥，嘉豪时不时还提醒大家：“记得要弄平。”而雨浙这边则利用小推车运送砖块。

梓维：“这个瓦片可以用来当门。”有了第一次的砌砖经验，孩子很快就完成了第一层的搭建，还使用了瓦片来作门。

梓维：“我们已经开始要搭第二层了，把木板搭上去。”

泽林：“先看下够不够长，如果不够可以当门口上的支柱，不要太密了。”

梓维：“可以用长方形的砖搭窗。”

嘉豪：“我有个小的圆柱体支撑。”

泽林：“别用那个呀，等下要倒了。”

教师：“为什么不用？”

梓维：“用小的圆柱体支撑住会倒的。”

泽林：“用圆柱体会挡住窗户。”

最后嘉豪将圆柱体拿了下来，很快孩子们建完了第二层，准备给房子封顶，用木板架在上面，一块块瓦片盖上去，“嘭”的一声，第二层的房子塌了。

混合“水泥”画正方形

搭建第一层，利用瓦片搭建大门

搭建窗口起争执，第二层的房子塌了

教师的思考：①从刚开始搭建的简易瓦片房子，到利用砖块、木板搭建，再到使用水泥将砖块稳固，活动的一步步深入，就是孩子们所探究的方向，在这一过程中，遇到困难，他们没有放弃，经过一次次的讨论、改进、尝试，他们仍敢于尝试有一定难度的活动和任务，这体现了他们坚持不懈的学习品质。②因为有了前期搭建房子的经验，今天孩子很快将房子搭建到了第二层，在搭建窗户时，梓维选择用长方形木块架起来作为窗户，而嘉豪想加入圆柱体，遭到了同伴的拒绝，认为圆柱体会挡住窗口看不到风景，最后嘉豪放弃了圆柱体，在发生争执时，泽林和梓维知道嘉豪与自己的想法不一样，但也愿意给嘉豪尝试的机会，说明他们能很好地解决与同伴之间的矛盾。③最后的瓦片房子还是塌了，这在于他们没有将支柱支撑好，而且对房子的建构还不是很了解，下一步我们将会把游戏延伸到建筑房子的探究中去。

8. 五彩的瓦片房子

针对上一次第二层房子倒塌的问题，泽林想到要用柱子给房屋进行加固，活动一开始，嘉豪负责寻找合适的柱子，泽林、梓维负责将找到的圆柱体支撑在房子内，并用沙子将圆柱体固定。随后嘉豪选择了合适的木板架在柱子上，但在架了两块木板后，泽林发现：“哎呀，不够长。”嘉豪拿来了另一条木板说：“这个呢？”泽林看了一看对比了一下说：“太短了！”大家找了一圈都没有合适的木板。这时，梓维说：“这里不够长，我们重新把它再盖一盖吧。”大家将木板拿下，将木板换了一个方向架上去，中间还留着一块长方形的木板架在上面。很快，房子的支撑做完了，泽林加速将瓦片盖上房顶，盖完瓦片后泽林开心地召唤小伙伴。

泽林：“嘉豪，我们的房子搭好啦，快来看。”

梓维：“哇，这也太牛了吧。”

嘉豪：“好像好少点……”

雨淅：“少点东西，瓦片没有涂上颜色，我们给瓦片涂上漂亮的颜色吧。”

梓维：“好的，我们去找颜料吧。”

大家选择了喜欢的颜色给瓦片上色，梓维说了句：“粉刷匠。”大家不约而同地唱起了歌：“我是一个粉刷匠，粉刷本领强……”在孩子的歌唱中，五彩的瓦片房子完成啦。

做好屋顶

彩色屋顶

教师的思考： ①在出现了倒塌问题后，孩子并没有放弃，而是寻找可以让房子稳固的材料，当出现木板不够的情况，泽林能想到换一种摆法，这样木板的长度就合适了。《3—6岁儿童学习与发展指南》中指出，4—5岁的孩子“常常动手动脑探索物体和材料，并乐在其中”，可以看出，他们遇到问题后，会探索不一样的材料，继续完善流程，具有坚持不懈的良好学习品质。②孩子在搭建的过程中，分工有序，有的负责搬运砖块，有的负责寻找材料，有的负责出谋划策，说明他们在一次次的合作过程中，社会能力、语言能力、交往能力得到了提高。③搭建瓦片房子小组的孩子成功完成了任务，看到他们脸上洋溢的笑容，我不禁感叹：这正是放手游戏带给孩子的快乐。

三、教师的小结与反思

瓦片游戏来源于陶艺区活动，投放在该区的最初目的，是让孩子多认识陶瓷等制品的不同形态，一开始只是作为观赏或绘画素材，但孩子自主提出了对瓦片的玩法。本次游戏活动带给我的主要有以下启发。

（一）最简单的材料也能有更多的可能性

瓦片在农村已比较少见，对于城里的孩子来说更是不多见，更别说拿来玩游戏。但就是这最简单的材料，却给了孩子无限发挥的可能，从陶艺区，到沙水区、建构区，共享区域给了孩子更多了解不同区、不同材料的可能，我相信只要给场地、给时间、给支持、给耐心，孩子就能玩出自己的一片新天地。

（二）教师在游戏中的角色定位，决定游戏的发展

教师成为孩子学习实践的支持者和参与者。在整个实践过程中，教师以倾听者的身份，了解孩子想法和困难，及时为孩子提供帮助和支持；当孩子遇到问题和瓶颈的时候，教师是参与者，通过合作游戏等方式启发、引领孩子，通过介入游戏、参与游戏，给予孩子全方位、多角度的支持。

跨区域的材料混合，追随孩子的发现和兴趣。教师通过分组游戏的形式，不断地支持孩子：从尊重想法，提供材料场地支持，用追问的方式引导孩子思考和发现，积极回应孩子的想法，给予孩子最大的支持。同时，通过提问、追问、平行游戏、合作游戏等方式，巧妙、适时地介入孩子的游戏中，既不贸然打断孩子的思路和想法，又确保了孩子有价值的想法能进行下去，推动游戏的发展。

（三）发现孩子，聆听孩子，做个“大智若愚”的智者

对于中班下学期的孩子来说，他们已经有了合作的意识和能力，但是大部分孩子还是比较自我，主动合作意识不强。教师发现孩子有不同想法后，除了可以用平行游戏和语言引导等方式促成合作外，有些时候也可以尊重孩子当下的想法和做法。若教师一定要孩子回到小组完成任务，虽然能培养孩子的合作意识和任务意识，但是很难创新玩法。所以我决定尊重孩子的声音，使孩子按照自己的想法畅快游戏，收到的效果是比较好的。

（本游戏案例由韶关市武江区新华幼儿园提供）

温暖家园

韶关市武江区新华幼儿园　黄建荣　张秋洁　彭丽思

一、游戏背景

天气转冷，班上在给之前做的动物搭建“动物房子”，但是遇到了一个难题：有些小动物太高太大了，放在小栅栏中间还是容易冷。“那我们建造大房子吧。”有孩子提出。建房子需要什么材料？可以建起来吗？多大的房子才合适？材料不够长怎么办？孩子纷纷提出了各自的想法，于是有了本次区域游戏活动“温暖家园”。

二、游戏过程实录

（一）前期经验积累：主题活动“各种各样的房子”

为了帮助孩子一起探究和解决问题，我们利用主题探究活动时间，分小组进行了与房子相关的探究活动。一是通过孩子收集资料对房子的外观进行初步了解，孩子知道房子有很多的造型，也有多种屋顶。二是通过家园配合、孩子的观察实践等，孩子知道了房顶有平顶、斜顶等基本结构。

有些房子是平顶，有些房子是人字顶，还有一些是其他结构

教师的思考：①孩子在区域游戏活动过程中萌发要建房子给小动物的想法。孩子区域活动的游戏基础是有经验积累和前期铺垫。教师根据孩子感兴趣的话题，通过小组探究的形式陪同孩子一起了解房子的基本构造，教师针对孩子的问题，提供必要的材料、环境等支持，发挥家园共育的积极作用，帮助孩子积累丰富的感性经验。②大班孩子观察能力强，动手能力强，空间思维萌芽并开始发展，对立体图形有了基本的认识。但是，要借助工具来进行立体图形的呈现有一定困难，不仅需要有空间思维，还要有较强的动手能力。建房子是一个比较大的“工程”，游戏参与的过程需要孩子有一定的合作意识和任务意识，所以做好前期经验的准备尤为重要。

（二）设计师们的“房屋设计图”

有了前期经验准备，孩子自行组成小组讨论建房子的分工问题。但是小组讨论的时候孩子之间发生了分歧。宁宁：“我喜欢大平房，两层的。”佑佑：“我喜欢有瓦顶的。”安安：“可是我喜欢有花园的，这样可以散步。”意见不统一，怎么办呢？“那我们就投票呗。”孩子争执不下时，有孩子提出投票。于是决定每个人画设计图，争取大家支持自己的方案，谁的票数多就用谁的。孩子分别从房子的适用性、美观度、结构、功能等方面介绍自己的“设计理念”。

小组设计

介绍方案

教师的思考：在孩子认识房子的基本结构的基础上，教师给予孩子实施自己想法的机会。教师的预设：孩子自己组队进行房屋设计和建构。没想到幼儿小组内也出现意见不一致的情况，不过孩子这次没有单纯用“石头剪刀布”这种简单办法做决定，而是通过“画介绍”的形式，以更多不同形式表达想法的途径。孩子通过画设计图、向同伴介绍设计图的理念、争取别人的支持、小组投票决定选择哪种设计图，自主自由做决定，成为活动的主体，激发孩子主动积极探究活动。这次活动也给了我启示：区域游戏的过程是孩子综合能力提升的过程，现代已经不是单打独斗就能取得胜利的时代，孩子不仅仅需要学会怎么做，还要学会怎么说服别人，养成按计划做事的习惯等。同伴间平等的互动关系也能让孩子有更多倾听与表达的机会，让他们学会用完整的语言表达来获取同伴的支持。这个活动中，孩子不仅仅学会了画图设计，还发展了艺术表达能力、语言表达能力、数学统计能力和与人交往的能力等，综合能力得到发展和提高。

（三）房子的框架结构初探

最终孩子采用了获得了票数比较多的瑞瑞设计的房屋设计图，准备开始“房屋施工”。婷婷：“我们可以做竹房子，我去旅游住过竹房子。”悠悠：“《三只小猪》里就是木头房子，我喜欢木头房子。”然然：“可是我们需要去找一找有没有材料才行。”于是小伙伴们开始去找做房子的材料。木工坊里教师提供的材料比较多，有各种形状和大小不一的木头，也有竹子等材料。孩子用手压一压、比一比后，川川说：“我们还是建木头房子吧，木头比较结实。”为更好地完成“建房子”的任务，孩子拿出选定的设计图，确定先建构房子的基本结构：地基、房屋框架、墙面、屋顶。

1. 地基的建造

有孩子去参观了原本班上的模型房子，对材料比较熟悉的小睿选择了一块正方形的现成木板，摆在地板上发现，这不是他们要的“大房子”该有的地板。于是孩子讨论：怎么样让地板变大？佑佑去找了几块一样大小的木板，说：“拼在一起不就变大了吗？”佑佑和小睿决定把四块地板拼在一起，他们先在地上摆了个大正方形，佑佑负责摆，小睿负责用热熔胶把缝隙补上，四块小木板固定起来就变成大大的正方形木板了。

2. 房子的“柱子”框架

地基做好了，孩子又去找了作房屋支架的材料。“把几根大一点的木条拿过来比一比。”佑佑自发地做起了小组长指挥同伴。宁宁告诉佑佑“我们家的房子有好几根柱子，我爸爸说那是承重的柱子，要很稳才行”。“那要找一样粗、一样长的木条做我们的柱子，这样才能一样高。”孩子选择了四条一样高的木条，可是怎么把四条柱子固定在作地基的模板上面呢？孩子尝试用胶枪粘贴，可是发现粘了一会儿一移动就会容易倒。“那我们找钉子和锤子吧，我之前做小猫的时候就是用钉子钉的。”安安提议。于是孩子把木条垂直放在木板的四个角，用钉子从木条这边往里打钉，把木条和木板固定在一起，但尝试了几次不是钉不进就是钉到地板上。他们找到教师请求帮助。教师提醒：“试试把木板反过来。”于是几个孩子合作，把木板放平，一个孩子负责把柱子对好木板的角，一个孩子负责从木板这边往里面钉钉子。

在老师的指导下，孩子通过合作完成了房子“地基”和木架的连接和固定

当孩子固定了地基和四条“柱子”后，又发现房子的上部不稳固。“哦，我们还要加个房梁，要不建屋顶就会很麻烦。”佑佑提出看法。孩子开始尝试寻找可以把房梁搭起来的方法，他们选择了同样长短的竹板作为房梁部分的支架。有了前面使用钉子的经验，这次也采用钉钉子的办法来完成。“要找一样长的竹板，要不会不一样高。”培培提醒同伴。孩子通过合作的方式，借助四

根一样长短的竹板把房子上部固定，房屋的基本框架被建构出来。

用钉子固定地基和房梁

教师的思考： ①在构建房子基本框架的过程中，可以看到孩子形成了良好的学习品质：在遇到问题和困难的过程，孩子渐渐自发地形成了“房屋建设小组”。并通过不断地调整和尝试，不断地寻找解决问题的方法，专注地完成自己的作品。这表明孩子具有较强的任务意识。②在框架搭建的过程中孩子掌握并运用了简单的数学知识：等分的概念。在铺设“地基”时，孩子知道将四块一样大小的正方形木块拼在一起可以组成一个大正方形；知道要几根相同长短粗细的“柱子”才能让房屋不会倾斜；房子的基本结构是一个大正方体，孩子虽然不会表达“对边一样长”，但是他们知道要找一样长的木条房子才会稳固。③教师的介入方面：由于孩子没有大型立体结构的概念，一开始使用钉子时只会按照常规的办法，所以总是失败告终。教师的适时介入给予了孩子新的方法，并给予了孩子坚持下去的动力。

3. 墙面的建造

房屋框架建构好了，孩子围在一起商量：“我们要开始给房子砌墙了。”由于前面有建地基的经验，安安觉得还是找方形木板拼起来。培培：“正方形木块围起来比较快。”但是需要多少块木板？怎么样把木块连起来呢？几个孩子跑到材料堆里抱了很多的木块，川川拿着木板比画了一下，决定用热熔胶粘起来。他们把“木块”粘到两根支柱的时候，中间由于没有柱子粘贴，中间两块木板缝隙太大，一推就裂开。于是他们换了思路：在中间再加一层木板，改成两层楼。

但是，怎么样才能把中间层木板固定呢？孩子想了多个办法：直接把木板与旁边的“柱子”粘住就行，但是由于木板与柱子的接触面太小，总是粘不稳。教师提醒：“可以加一个托托住木板试试。”

孩子在做中间隔板时，尝试摆放了一下，发现“隔板”两边不一样高，怎么样找到同样高度的点让隔板看起来一样高？安安以木板为工具，在木条柱子上用笔做了标记，这样就可以让隔板一样高了。

孩子想办法加固框架

在建好了中间间隔层后，孩子开始建墙面，遇到了墙面容易脱落的问题，于是几个孩子一起合作，采用拼凑和补缝隙的办法进行墙面构建。

构建墙面

4. 树皮屋顶的建造

由于有了前期经验，幼儿小组讨论还是围绕建“可以排水”的坡度屋顶展开。针对屋顶的材料孩子展开了讨论。“我想用竹子，直接钉上去就行。”宁宁发表意见。安安不同意，说："可是竹子比较硬，钉上去很难的。"最后还是玥玥说："我们去找树皮，我去旅游时见过树皮做的屋顶。"

班上有很多的松树皮，既能满足"可以排水"的需求又比较容易钉。孩子找了很多大小长短不同的树皮，可是对于怎么固定又有不同意见。在尝试用钉子固定时，佑佑发现树皮很容易被钉烂，不够牢固。"那还是用热熔胶吧。"佑佑建议道。于是川川负责把材料堆里的树皮找出来，培培负责把树皮一片片粘贴在一起，两片树皮的一端接在一起，另外一边与墙面框架粘贴在一起，固定好了两边就稳固了。

给房子加屋顶

教师的思考： ①房子的结构是立体的，对孩子来说把平面图变成立体模型有一定困难。特别是在混龄游戏过程中，不断有孩子加入，这虽然可以带来新的创意和想法，但也会让做出来的房子跟最初的设计有一定出入，在本活动开始后，个别孩子逐渐自发地成为"核心成员"，渐渐有了任务意识。其他新加入的孩子或继续跟随活动进度或跟了几次后去了别的区。②在做房子的过程中，孩子从最初的不断尝试到渐渐学会了运用一些方法，比如以自然测量、做记号的方式辅助固定位置等，都是孩子在跟随兴趣和游戏进度的过程中，积累和习得的能力，这些能力为孩子后续的探索活动提供了宝贵的经验。③大班孩子虽然在交往、合作方面有进步，但是真正能有意识地进行合作的不多。通过"建房子"这个需要合作协调性很强的活动，很多孩子像找到了"共同目标"一样，每天都很兴奋地讨论他们的房子，自发专注地加入讨论和解决问题的进程中。部分中班的孩子在此过程中也收获了一定的成功喜悦。

（四）一直晃动的楼梯

在把楼房主体结构做好后，今天的区域活动前孩子分小组进行了简单的“任务会议”。川川说：“我们的房子都没有楼梯，怎么到二楼呢？”培培和庭庭对楼梯很感兴趣，她们说：“我们去找找做楼梯的材料吧。”

庭庭发现材料区里有一些长竹片，“一片一片的竹片就像楼梯。”庭庭和培培一起要把竹片锯成同样大小的小竹片做楼梯。怎么样让竹片一样长呢？家里有哥哥姐姐读小学的庭庭说：“可以用尺子测量，然后用笔做个记号，这样就一样长了。”她们用热熔胶把竹片一片叠一片做成长长的“楼梯”，把“楼梯”一端粘贴到房子的二楼开口处，一端在地上。楼梯做好了，但是中间一直晃。“走上去都站不稳，这个楼梯不行。”川川提出问题。“我知道了，就是少了个支撑点。”佑佑告诉小伙伴。

孩子把长竹条锯成一样长，再一片片粘贴在一起，但是发现楼梯不稳固

孩子遇到楼梯支撑不稳固的问题后，提出找支撑点的佑佑隔天没有来上学，他们今天的任务变成了“怎样做楼梯的支撑点”。庭庭暂代小组长的位置带着小组成员尝试找支撑点。“可以找一个东西在楼梯下面撑住，这样就不会晃了。”他们找了块木板，撑在楼梯的中间，但是木片很快倒了。“要找长一点的竹条。”“那要多长呢？“找不同的竹条比一比就行了。”“可以找大的竹条撑住二楼楼梯口的板，然后把小木片粘在上面。”安安提出想法，但粘贴时竹片总是粘不住，支撑的竹条很容易松动往下掉。庭庭不断地尝试粘贴竹

片，发现不稳固就拆了再加固，加固后竹片还是容易一直滑下来，当天的区域活动没有解决楼梯稳固的问题，庭庭有点气馁。

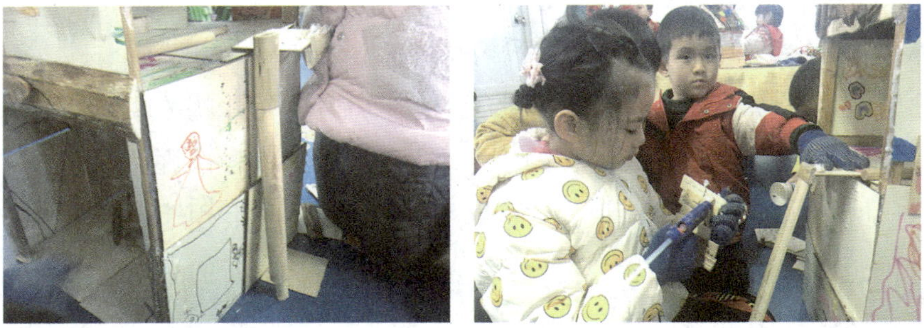

确定楼梯的长度和高度

大木屋小组的问题一直没有解决，在区域活动后的小组分享中，教师请了已经解决楼梯问题的宁宁小组分享了他们建构房子的进展，小木屋组的房子比较小，楼梯也比较短，他们采用了两根木条做成梯形，中间有序加木块作楼梯的办法，并向大家展示了坚固美观的楼梯。

其他小组进行的区域活动后小结分享

受其他组的启发，在第二天的区域活动里，小组又进行了商量讨论：怎么样把楼梯支撑好？小组成员觉得昨天分享小组的办法好，商量后一致同意采用相同的办法。他们先找到一根竹条在二楼和地面中间找了个倾斜的角度，画了一个记号，庭庭负责把两根木条锯得长短相同。然后在竹条上面有间隔地粘贴竹片，“梯子”的一端刚好在二楼伸出来的位置卡住，这样就不会移动了。在当天的活动中，孩子在区域活动结束后分享了楼梯解决的办法和遇到的困难，让孩子收获解决问题的成就感。

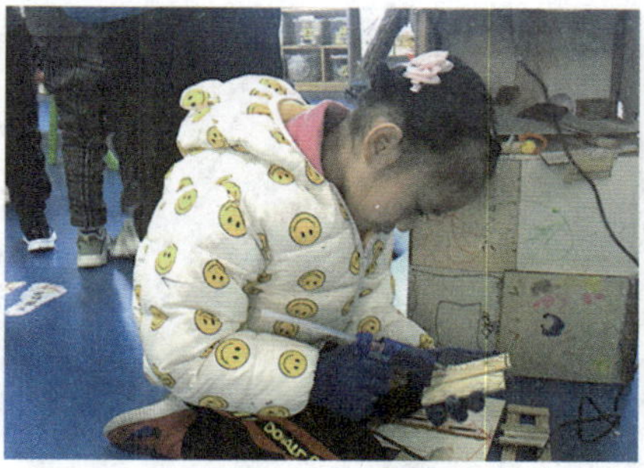

孩子用两根竹条做成梯形固定

教师的思考：①活动开始时，孩子遇到了楼梯支撑的问题。由于孩子只是考虑到了楼梯的形状而没有考虑楼梯的结构，所以在活动的过程中孩子只是做出了他们认为的楼梯，没有考虑到安全稳固的问题。这跟孩子对楼梯的结构认识不清晰有关系，这个问题出现后，教师及时进行了调整，带着孩子一起了解楼梯的形状、楼梯的结构、楼梯的种类等。②孩子活动过程中会遇到困难，教师什么时候介入、如何介入需要智慧。在活动中可以看到，孩子对于材料的使用一直在"试错"，没有章法和方法。竹片本身比较光滑，把光滑的竹片重叠粘贴不容易牢固，而且竹片比较重，所以总是滑落下来。教师发现了孩子由于前期经验不足，对材料的特性不了解，便巧妙地请其他组分享，启发孩子可以换种方式解决问题，同伴间的学习和互助也是共享主题区域游戏中非常重要的发展目标。在孩子尝试成功后，教师安排这组孩子分享做法，给予孩子表达表现的机会，让他们收获解决问题的喜悦和成就感。③活动后，班级教师进行了探讨，为什么这组孩子遇到的问题较难解决，并得出结论——主要是孩子前期经验不足。孩子遇到问题后，在保证安全的前提下，教师可以中断区域活动带孩子观察幼儿园的楼梯，还可以让孩子围绕"梯子"开展相关主题教学活动。

（五）容易松动的楼梯

由于来回搬动，木房子的楼梯总是容易松动，怎么办？川川和佑佑观察后，川川说："楼梯的一边在地上，每天拉出来就把楼梯拉松了。"于是佑佑和川川去寻找木片，川川觉得可以在楼梯下端加一片木片，这样楼梯就会稳固了。于是在下一次的活动中，在楼梯下端加了小正方形木片。

在楼梯下端安装木片

由于房子比较大，几个孩子抬的时候不稳固，而且容易松动，开区收区木房子总是被推着走，时间一长楼梯下端的木片又松掉了，这次安安提出：“能不能把木片拼接一起？像滑板一样滑着推。”于是他们进行了第二次尝试，把楼梯下端的木板加宽，瑞瑞说：“加两块大的正方形木板就行了。”“我觉得要加多一点，跟房子连在一起，这样楼梯会更稳，加两块太丑了，旁边还有一个洞。”川川提出了自己的想法，大家同意了他的想法，于是小伙伴们一起加宽了楼梯另外一端的接触地板。四片大木板拼在一起，把原本用来垫的小木片去掉，让木房子和楼梯的垫板变成一体的，就不容易松动了。

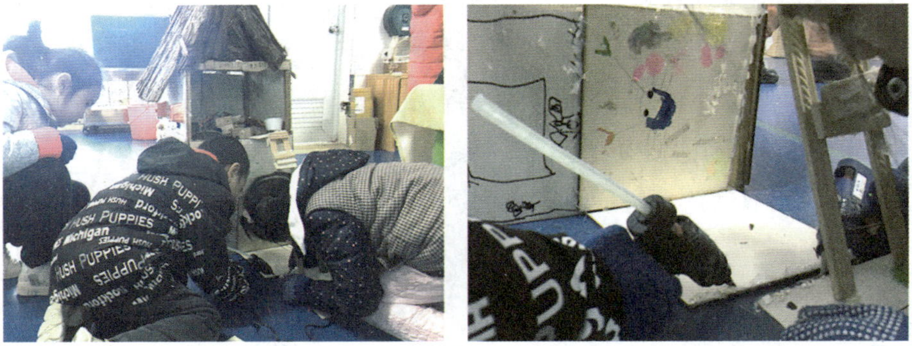

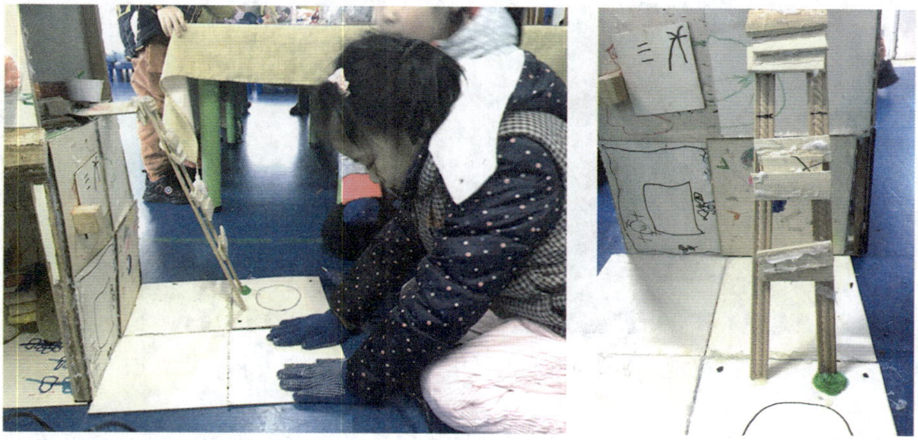

孩子加宽“房子”的地板

教师的思考： 围绕楼梯的问题，孩子进行探究的时间比较长，孩子根据问题进行积极思考，观察分析和思考能力不断提升。其中，有些问题是教师一开始预设时都没有考虑到的，“向儿童学习”是幼儿园教师永恒的课题。

（六）做个什么样的门

经过一段时间的完善，木房子的窗户做好了，于是他们又商量“要不再加个门”。“你们准备做什么门？”我问道。佑佑说：“肯定是电动门，比较方便。”培培不同意：“电动门需要用电的，而且我们没有遥控器。”“那就做推拉门吧。”佑佑再次提出自己的意见。庭庭提出看法：“推拉门需要卡槽，而且很重，木板太不稳固了。”川川说：“那就做卷帘门，比较轻，还可以挡风。”

于是孩子分头忙起来，川川带着新加入的瑞瑞去剪卷帘门。他按照自己的想法尝试了几次后，开始气馁：“唉，这样一点也不好看。”心情受到了影响，川川干脆叫瑞瑞粘，自己在旁边看着，心情郁闷。其他给房子装饰的小组员原本在忙碌，在快收区时教师提醒：“川川，你想要再修改一下房门吗？”其他组员围过来，大家商量了一下，觉得“很好看，又方便”，于是他们决定不再修改。

川川对自己做的门不太满意，瑞瑞觉得还行，于是协助粘贴上

教师的思考： ①教师的介入和支持对孩子活动持续开展、深度探究有非常重要的作用。教师对孩子的支持，不仅仅是物质材料的支持，也要关注到孩子的情绪。教师要相信孩子，理解孩子情绪，帮助孩子把心中的想法表达出来，让他们理清思路。②活动开始前，孩子讨论了“做什么样的门”。孩子都有自己的想法，并根据他们的生活经验提出不同意见，在这个过程中教师没有抓住孩子的讨论点进行及时介入，导致孩子在这个活动过程遇到一些挫折。虽然挫折也是学习的一部分，但是教师如果抓住机会及时引导也许孩子就能有不同的收获。

（七）活动的停车杆

今天的区域前小组任务会议，庭庭和小正说想要给一楼车库装车库门，以防车被偷走。教师说：“你们想要做什么样的门？”小正说：“可以活动的。”“怎么样活动？”“就是车来了自动打开，车出去后自动关上。”庭庭和小正达成了共识。于是他们在材料堆中选了年轮木墩和竹片回来。“我觉得用年轮木墩和竹片可以做。”庭庭说。于是他们进行了第一次尝试：把木块和竹片粘贴在一起。

孩子用年轮木墩和竹片做了车库门

孩子做出他们的“车库杆”之后，摆到一楼车库的门前，发现了问题：栏杆太短。佑佑说：“车都可以从旁边出去，根本不起作用。”于是孩子进行了第二次尝试：给年轮木墩打个钉，但是总钉不进去，于是小正在工具堆里找到手工钻孔机。“怎么知道需要多长呢？”我问道。庭庭去工具区找了一盒卷尺，他把卷尺放在车库门下方量了量，再把准备做“车杆”的木条也比了比，用油性笔做了记号，然后锯掉了多余的部分。

把长竹片钉在年轮木墩上后，又有了新问题：他们原本是想做活动的车库门，但是钉子直接钉住了木条，活动不了。“可以装一个螺丝，不要拧太紧。”新加入的小伙伴睿睿说。于是他们换了一块木墩，先用手动钻孔机钻了个洞，再把螺丝钉拧进去一半，把杆固定好，使其可以随时升高和放下。

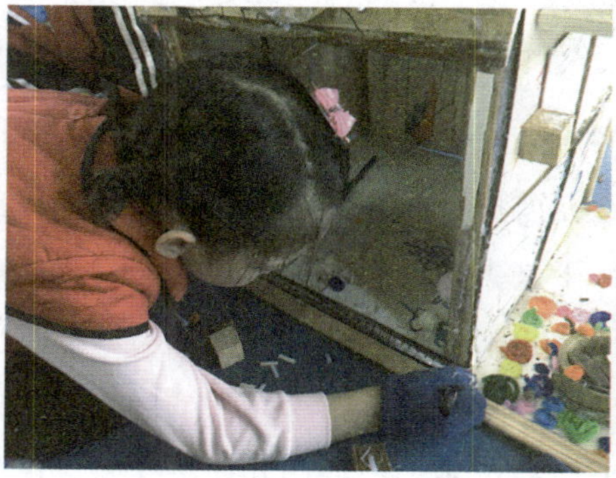

制作活动的停车杆

教师的思考： ①孩子的游戏来源于生活，又把生活体现在游戏中。“活动的停车杆”是孩子生活中常见的物品，所以他们会提出来做活动车杆。但是停车杆怎么活动？一开始孩子心中并没有清晰的规划，通过三次尝试和教师的有效提问，孩子的规划逐渐清晰。孩子确定杆的长度与门的宽度关系，通过对材料和工具的运用，改变了之前用钉子固定的方法，知道活动就是不能固定的，又认识和学会使用了一种新工具。②教师在活动中的角色，是帮助孩子完善自己的想法，做支持者和合作者。在这阶段教师通过两个方面推动孩子的游戏发展，一是有效的追问，每一次的提问都恰到好处，让孩子清晰要解决的问题，理清思路，教师追问得越仔细，孩子的思路越清晰；二是教师工具的提供，由于材料和工具的取放都是开放性的，孩子可以自由自主取放，这样可以给孩子更多对比选择的空间，使孩子发现不同工具的不同用法，在隐性的环境暗示中，给予孩子更多解决问题的途径和方法。

（八）多功能阳台

在负责车库的孩子解决车库问题的同时，其他组的孩子决定给房子加个阳台，他们找来了正方木块，将其用胶固定在窗户下面。但是，小正发现这样的阳台有点危险，没有栏杆人容易掉下去，于是去材料堆中找了一些正方体的木块拼接起来，做成栏杆。有孩子提出：“这个阳台太小，而且加的栏杆太低，在上面不舒服。”于是，小正想到向外加固阳台：“这是多功能的阳台，既可以遮阳又可以吸收太阳能，还可以走到外面看风景。”他用几块大小相同的圆木片进行拼接尝试，让整个阳台的空间变大，阳台做好后，佑佑发现了问题：这种阳台虽然空间大，但是太占位置，把下面的树都挡住了，还把楼梯都遮住了不安全。于是他们进行了第二次调整，横向张开的“阳台”变成了阶梯状的阳台，这样就不会挡住楼梯了。

给房子加个多功能阳台

阳台拼搭完成后，小正跟小组的小伙伴分享：“这是多功能阳台，可以吸收太阳能的，还可以发出警报，不能离栏杆太近容易掉下去。”“那要有个路灯才行，要不晚上看不见就会掉下去”“那就装个太阳能路灯吧。”安安决定和小正一起做阳台。小正在材料区选择了一个大的松果，松果的另外一边粘在三层阳台的最上面。“这样就是路灯了。”“可是这个路灯只能照到花园里。”瑞瑞提出：“阳台上都没有灯光了。”于是几个女孩子给大路灯上面又装了几个轻泥捏的“小路灯”。“哇，这个阳台很漂亮，还有路灯，晚上也可以在花园里喝茶了。”教师对孩子说。

孩子对阳台进行改造，加了路灯

教师的思考： 房屋的主体结构已经完成，其他小组已经提前开始了房子配套的装修装饰工作。区域活动结束后，其他组分享的花园或配套设施吸引了制作木房子的孩子。而且区域活动的小区域设定都是开放的，孩子可以自由地在每个区选择制作材料，再拿回自己的小组进行装饰，给了孩子自由自主的空间和时间，于是小木房一步步变美变好，每个孩子都可以发挥自己的长处，实现自己的想法。

尊重孩子，每个孩子都有其闪光点。小正平时比较散漫，容易发脾气，但是他在区域活动中找到了成就感和归属感。从一开始的自己做事，到逐渐和同伴合作，我想他在这个过程中也渐渐明白了和同伴合作的重要性。

（九）花园里的广场舞

把阳台和路灯做好后，其他的孩子也把花园装饰好了。这天的区域活动前，培培提出："我觉得花园有点乱，树木都挡住楼梯了。"安安："我想在花园做一些洗手盆，这样进来之后就可以洗手了。"佑佑："那我们得把花园扩大，所以，我们要有设计图。"于是，佑佑和馨馨去画花园设计图。先在纸上画，还预留了"广场舞"的空地。"这里再加一个音响"，孩子组用竹筒做了个音响，还在音响上面粘了很多的毛球装饰。"不用的时候可以在上面玩。"孩子在改造花园的过程中，不断地修改图纸和花园的样式。培培用轻泥在车库出口处做了一个"限速标志牌"，佑佑在上面加了轻泥捏的数字"50"。"这里是跳广场舞的，旁边还有小板凳。车从车库出来不能开太快。"

孩子在“按图”施工

教师的思考：①由于参与活动的孩子比较多，有些孩子在进行主体建构，有些在做一些配套设施，每天走区中小班孩子随机加入，既没有全程参与也没有非常明确的任务意识，让花园的建设处于混乱中。在主体结构完成后，孩子把目光放在了花园里。这个花园是不同的孩子根据自己的想法完成的，渐渐形成的“核心组”成员发现已经不是最初想要的效果，于是进行了调整。②孩子游戏活动中呈现出来的情景，通常跟孩子的生活息息相关。佑佑是个见识广、有主见的孩子，所以不知不觉中孩子都默认了佑佑是他们组的组长，他觉得“一定要有规划图才行”，要不花园就“太乱了”。而车库门口要有“限速标志牌”，这是孩子来源于生活的经验。孩子对数字有了一定的认识，这说明班上的孩子已经有意识在关注周围生活中的数字。

（十）我们需要逃生窗

孩子准备进行“花园大改造”时，安安发现一个问题：他们的房子没有逃生窗。“万一发生火灾怎么办？”川川提出这个问题。“那就改建一下吧。”

想要改建逃生窗，但是逃生窗是什么样的，怎么做，他们并不知道，于是孩子向教师寻求帮助。班级位于三楼，设有逃生窗，于是教师带孩子认识活动室的逃生窗，并演示打开和锁上逃生窗的方法。

观看逃生窗的结构和使用方法

了解了逃生窗的基本结构和原理后，孩子开始准备改造房子，做安全逃生窗。他们把房子二楼旁边的墙体挖了一块小正方形出来，小正说："那我们得做可以活动的窗才行。"可是逃生窗怎么才可以活动呢？佑佑："就是能够开一边的，如果要活动就要钻孔。"第一次尝试，小正用钉子和锤子钻孔，但是由于木板比较厚，他尝试了多次钉子一直钉不进去，便换了螺丝钉。

尝试用锤子和螺丝钉钻孔

第二次尝试。在尝试用钉子和螺丝钉打孔之后，小正发现钉子总是滑动，钻不了孔。旁边孩子说"你要用力"。"可是用力钉就把房子砸松了。"庭庭看见后说："可以用手工钻，我上次做车库就是这样做的。"于是小正换了工具手工钻孔。发现好用一些，由于这个钻孔机需要两个人配合，一开始小正总是钻不进，进度非常慢。他在区域游戏结束后主动进行了分享。其他小组的孩子提出了疑问："打开逃生窗后，怎么逃生？"孩子针对逃生窗进行了讨论："逃生窗是为了发生火灾或危险事件不能从门口走的通道。""发生火灾消防员叔叔有云梯可以来接住的……"

钻孔遇到问题

第三次尝试，昨天游戏分享时，小正提出了他的困难，教师组织孩子进行了讨论："怎样既不让房子松动又能钻孔呢？""要有人配合按住另外一边。"还有其他用过电钻的孩子说："可以叫老师帮忙。"孩子于是分头找教师帮忙。

借助电钻钻孔，一下就钻好了

打好了两个孔，可是怎么固定呢？有做车库经验的佑佑说："用钉子吧。"他尝试将钉子放在打好的孔里面，可是钉子太长了，木板太薄，钉子固定不了正方木块。"那就用螺丝钉。"有了前面的经验，组里的孩子给出建议，他们先用螺丝钉固定正方形木块，发现螺丝钉还是太长了。教师提醒："大家可以再去看看工具区里有没有合适的材料。"孩子走了一圈，在材料区找出了铁丝："我们可以试试用铁丝固定。"可是之前谁也没有用过铁丝，不知道铁丝要怎么使用。孩子进行了尝试："像绳子一样绑住就行。"

先尝试用钉子、螺丝钉，最后选择铁丝固定"逃生窗"

逃生窗固定了，而且可以活动。可小组分享时庭庭又发现了问题："这个不行，逃生窗的锁是从里面锁的，这个装在外面，里面的人出不来。"小朋友又去看了班上的逃生窗。"要从里面装才行。"佑佑发现了把铁丝拆了重新装。但是把铁丝装里面，怎么固定呢？"刚刚这个是从里面穿出来的铁丝，如果要从里面开，该怎么穿铁丝呢？"教师问。博翊说："我们可以合作，我在里面拉住铁丝，佑佑在外面按住。"于是他们把铁丝反过来穿过两个洞，然后放在房子的两个洞上面，博翊从旁边把手伸进去拧好铁丝，这样，从里面打开的"逃生窗"就做好了。

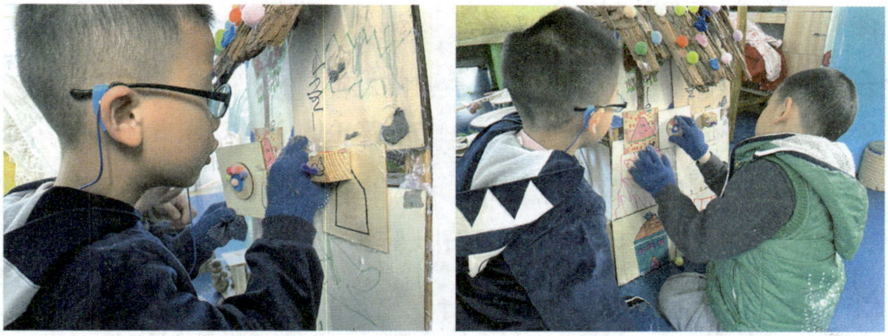

孩子合作固定逃生窗

教师的思考： ①区域活动的目标不仅仅是学习某种技能和知识，而是在活动中发展孩子的综合能力。由于前期是比较简单的活动，没有深入了解房屋的部分结构，所以活动刚开始孩子没有考虑逃生窗的问题。最近因为加强安全教育，孩子每天放学前都会接受不同的安全教育，所以孩子才会关注到逃生窗的问题，教师根据孩子的关注点，带孩子观看了逃生窗的结构，让孩子在区域活动中也提高了安全意识。②孩子在解决逃生窗的过程中不断地遇到问题，这需要孩子有一定的任务意识和克服困难的品质。孩子对于材料的认识不需要专门的讲解，他们在解决问题的过程中可以了解到不同工具的性质和用途。比如钉子、螺丝钉、锤子、钳子等工具，前面使用过了他们就会第一时间想起。在使用不同工具的过程中，孩子也学会了思考，学会借助和运用其他工具解决问题，在此过程中孩子的小肌肉群和手眼协调也得到发展。在完成逃生窗当天的区域分享环节，安安说："学会了遇到困难并不可怕，要学会面对困难。"佑佑说："我学会了解决问题的方法是很多种的，遇到困难不要灰心。"③铁丝的使用是新的尝试，孩子对于铁丝的使用探索得不多，所以对于铁丝怎么拧、怎么用并不清楚，要不要直接告诉孩子方法，一开始教师犹豫过。但是在活动中教师还是"管住嘴和手"，相信孩子可以找到方法，比如孩子会自己尝试观察后发现将铁丝拧紧的方法。事实证明，只要确保安全，提供材料和环境，孩子就能用自己的方法解决问题。

（十一）一楼的后门

有了制作逃生窗的经验，孩子在区域活动前发现"我们的一楼也没有逃生窗”。“一楼需要逃生窗吗？”孩子展开了讨论，川川说：“一楼直接跑出去就行了。”“那如果是门堵住了怎么办？”教师问。几个孩子愣了一下。“那我们得有个备用门。”佑佑说。于是，他们决定在一楼也做一个可以逃生的窗口。有了前面做逃生窗的经验，孩子很快找到办法，他们在“车库”后面找了找，把一块角落里比较不稳固的大正方形抠了下来。培培去找教师给正方形木板打孔，小正和佑佑负责给木屋手工钻孔。

给一楼也做一个后门

“我们做一个可以掀开的后门，这样车也可以从后门开出来。”把孔都钻好后孩子发现铁丝不够了，只剩下一根长铁丝，怎么办？“去看看隔壁班有没有？”安安提出。“隔壁班是农工坊他们没有的，我之前去问过。”培培说。“你们需要多长的铁丝？”教师问。佑佑把铁丝拿到正方形木板比了比，说：“我们可以把铁丝剪开。”“能用剪刀剪开铁丝吗？”安安提出问题。工具箱里有很多工具，于是他们去找了铁丝钳。“我去剪铁丝。”有新的工具，一直喜欢新鲜事物的庭庭和佑佑自告奋勇。

由于力气不够，佑佑和庭庭互相配合，通过拉扯和剪的方式才把铁丝剪开。博翊和小正则负责用剪断的铁丝把正方形木板和木屋的主体连在一起。“你负责推，我去绑铁丝。”小正对博翊说，只见他趴在地上，从车库的这边钻进去，用戴着手套的手把铁丝往同一边拧。

孩子把铁丝剪开，把可活动的“门”和木屋连接在一起

可以向上掀开的门做好了，“还要一个门牌”。培培说，“我们要有一个密码锁，输入密码就可以从后面进去了。”于是几个孩子用小木块给门加了门牌和密码锁，并做了个标记。

给活动门加门牌和密码

教师的思考： 孩子互相学习、“举一反三”的能力比较强，前面对“逃生

窗”的探索为活动门的制作积累了经验。孩子从最开始只会用钉子、螺丝、粘贴胶条等方式，到后面学会使用不同的固定材料，这个过程就是经验积累的过程，相信以后遇到关于“固定”的问题，他们会有更多的办法。前面的逃生窗是从左右打开的形式，后面的门是从下往上打开。可以看到孩子对于已有经验的运用已经比较灵活。

孩子的合作能力逐渐增强。小正从前是个合作沟通能力比较差的孩子，但他渐渐地学会了用语言表达、主动与同伴合作、寻求老师的帮忙。木房子的构建需要几个孩子配合完成，这让孩子锻炼了与人沟通协作的能力。

三、教师小结

经过近两个月的主题区域游戏，孩子从“给小动物”做房子的问题出发，在解决问题的过程中认识了房屋的基本结构，认识并学会使用了不同工具，学会了与人合作一起完成他们想要的“温暖家园”。关于房子的活动还在持续进行，教师在活动过程中收获了以下心得：

（一）学会等待，相信孩子是有能力的学习者

1. 关注个体差异和心理需求

在共享主题区域游戏中，孩子是活动的主人，他们自由选区、自主选择同伴、游戏主题以及游戏形式。教师创造条件充分激发孩子游戏的主动性、积极性和创造性，尊重孩子的兴趣和选择，关注每个孩子身上不同的闪光点，关注不同孩子在不同情境下的心理需求，及时介入遇到挫折的孩子游戏中，对多次“试错”后取得成功的孩子给予鼓励和支持，平等对待每个孩子。

2. 学会放手，静观其变

在做小木屋的过程中，孩子遇到很多的问题。一是工具安全方面，木工区的用电工具比较多，除了电切割钻孔工具有专门教师指导，还有一些热熔枪、锯子、钉子等工具的使用，除了初期简单的工具介绍，很多工具的使用都是孩子在遇到问题、解决问题的过程中自行学习使用的，教师除了做好必要的防护措施，如提供护目镜、手套等，更多的是在帮助孩子遵守使用工具的规则前提下，放手让孩子去尝试，相信孩子有自我保护的能力。二是对待孩子冲突和分歧方面，教师只是从旁观察，把主动权交给孩子，孩子想要投票，就为其提供

必要的材料，想要分小组进行，也尊重他们选择，让他们按照自己的办法解决问题。三是当孩子遇到难题游戏进行不下去时，教师通过追问的方式帮孩子理清思路，通过带领孩子实地考察发现问题，通过分享经验实现经验共享等，使孩子明确要解决的问题。四是以恰当时机进行平行游戏，和孩子一起解决建筑的问题。

（二）宽松环境，是支持孩子深度学习的基础

1. 环境创设方面

班级环境的创设都是开放性的，没有明显的小区域界限，孩子可以在开放的、可以随意翻动、到处走动的环境里，与同伴交流经验、交换材料，还可以自由选择取放自己想要的材料和工具，游戏时孩子都是忙碌的、投入的、专注的，因为他们没有时间让自己空闲下来。

2. 低结构材料的投放

木工坊中，除了机床和切割工具，还有一些毛球和毛毛条等，更多的材料是由家长、孩子和教师共同收集投放的。例如，松果、各种形状大小不一的木条木板、竹条竹板、树皮、光碟、铁丝、镜框条、螺丝螺母、废旧钥匙等，这些材料给了孩子无限的创造想象空间，让他们可以自由发挥。而且，在游戏过程中，教师会根据孩子的需求不断加入一些新的材料，如漂流木、仿真或者真实的树枝树叶等。

3. 人文环境

在这里，每个孩子都是自己项目的参与者，没有人评判做得对与错，只要遵守基本要求和游戏规则，不恶意打扰别人，所有活动都是被允许的。孩子可以加入不同项目小组进行不同的项目，自行申请或协商做主要工作或辅助工作，每个孩子都可以找到自己的位置和价值。每次活动后的游戏分享，孩子可以说任何自己想说的，其他孩子也可以质疑，比如对于逃生窗的分享就有孩子提出自己的疑问。

（三）捕捉问题，支持孩子游戏的推进

1. 教师捕捉的关键问题

区域主题由于受特殊素材（木工）的特色主题限定（房屋），其研究过程基本是明确的。但由于孩子不同、年龄经验不同，孩子遇到的问题也是多种多样的，如何及时捕捉孩子游戏中有价值的问题进行研究和探讨，帮助孩子在游戏中建构更多感性经验并发展综合能力，也是教师在游戏过程中要关注的。例如，孩子一开始就讨论房屋的建造，教师通过实地考察等方式帮孩子建立初步经验；在确定最初的“建设方案”后，教师通过有效追问帮孩子理清思路，材料如何选择？基本结构如何固定？如何加固？以此捕捉不同场景下不同的问题帮助孩子进行持续探究。

2. 幼儿游戏前、游戏中、游戏后产生的问题

由于整个项目游戏耗时比较长、工序复杂，每次游戏前，孩子都会进行小组的“活动前会议”，一是帮助新加入的孩子知道进行的主题和进度，二是小组成员理清前面遇到的问题，明确要解决的问题；重视游戏后的分享反思，孩子游戏结束后会进行游戏分享，这种分享也是共享经验和思路的过程，如在楼梯的问题上，就是因为分享获得不同的经验而解决了问题，在逃生窗的问题上由其他组孩子的质疑也产生了新的问题。

（四）共同反思，进一步的支持策略

项目游戏的过程既是孩子探索的过程，也是教师共同成长的过程。教师要学习相关的知识，要在游戏中提炼孩子产生的新问题，还要和孩子一起在游戏的分享环节进行反思。本次项目还可以进行以下策略的调整：

与主题教学活动相融合，以孩子产生的问题作为深入研究的切入点，开展更宽广的探究，帮助孩子形成比较完整系统的知识能力框架，促进孩子高阶思维的发展。

木工区蕴含着丰富的中国传统文化底蕴，从“卯榫结构”到各种工具的发明创造，无不体现着中华民族优秀的文明结晶。例如，在区域游戏中发扬和传承智慧和文化精髓，也是要进一步探讨的。

（本案例照片由韶关市武江区新华幼儿园提供）

探寻民俗情

匠心承非遗，探秘走马灯

仁化县扶溪镇中心幼儿园　黄佳文　刘　梦

一、游戏背景

晨谈活动时，浩浩激动地对教师说：“老师，我的哥哥昨天参加活动后带回来了一盏会动的灯笼，它不用插电就可以动，可神奇了。”

轩轩好奇地说：“那是像风车一样，是风吹着动起来的吗？”

浩浩说：“我就看到了灯里面有一根蜡烛，灯就转起来了。”

“它和其他的灯笼有什么区别呀？”“它是圆圆的灯笼吗？”“它是红色的吗？”小朋友们你一言我一语地讨论着……

童童摸着小脑袋说：“我没见过会动的灯笼，你能带我去看看吗？”

此时来自古夏村的文文说：“我们村有会动的灯笼。”

看着孩子投来期待的目光，我给予了他们一个肯定的眼神，好的，我们去古夏村探一探！

来到古夏村，孩子们看着会旋转的灯，猜测着它们是不是因为蜡烛才会转动，在孩子的探究中，他们一步步发现走马灯转动的原因。原来是蜡烛被点燃后，走马灯里的空气被加热，会产生一股热腾腾的气体，这股热气慢慢地向上走，会碰到灯盖上的小叶片，让叶片转动起来，走马灯就这样神奇地旋转起来。

观察“走马灯”

二、游戏过程实录

（一）体民间智慧 · 以匠心制作

1. 初设计

回园后，孩子将学习到的经验进行了分享，孩子们的收获很多，“走马灯有灯座、有蜡烛”“有好看图案的灯面”“走马灯里有转轴”“顶上有小风扇”“会转动”“灯的框架可以用木头做”。

浩浩说：“我知道走马灯是由灯面、灯盖、底座和转轴，还有框架组成，但我不能理解走马灯为什么有蜡烛就能转。”我向孩子提出问题：“那我们能做什么来找到这些问题的答案呢？”

在教师的引导下，孩子对走马灯进行了拆分，确认了走马灯由四部分组成，分别是灯面、灯盖、底座和转轴、框架，孩子决定分组合作，根据自己的兴趣进行分组，每一组选择一名小组长负责分工，颇有大干一场的架势。在美工室里，孩子们回忆着参观走马灯时的情景，全神贯注地对走马灯进行设计。

孩子眼中的“走马灯”

2. 初制作

孩子们兴奋地拿着设计图来到木工坊，开始走马灯的制作。

灯盖组：涵涵在卡纸上画了一个圆，但一开始画得不圆，凯凯见状马上拿着锅盖，用笔沿着锅盖画，一个圆就被画出来了。

“我们可以用剪刀从圆的旁边剪个角出来，再对折，你看，就立起来了。”“可是你把灯盖都剪断了。”这时凯凯突然说，“我们可以像切蛋糕一样，用木板将切圆的线画出来，再用小刀沿着线刻出来，最后对折。”

灯座、灯轴组：孩子很卖力地用锯子锯木板作底座，用木棍作灯轴，“但我们该怎么组装呢？”“我们可以用钉子把木棍钉在木板上。”浩浩说：“我来找锤子。”轩轩说：“我来帮你扶住。”

用纸制作“走马灯”

灯面组：孩子都大胆地创作，有人画花，有人画小动物，此时有小朋友提议不如画十二生肖。“我是属鸡的，我画自己的生肖。”“今年是兔子年，我们可以画兔子。”“那我画老虎吧……”

制作底座

灯框组：灯框组的孩子们井然有序地在木工坊寻找长度一致的木条，他们两两合作，一个在将木条扶稳固定，一个在用锤子敲打钉子。不一会儿，灯框就完成了。

组合：每个组的孩子将自己的成品进行组合组装，不一会儿，这个“走马灯”就完成了，浩浩兴奋地点燃蜡烛，每个孩子都在期待灯转动起来。蜡烛点了，但是灯并没有转动，凯凯奇怪地问：“我们是哪里出现问题啦？”

制作灯框

3. 改进

孩子对着“走马灯”左看右看，思考着是哪个环节出现问题了，他们决定像小医生一样对灯进行诊断，随即开始了他们的排查。

这时，我和孩子又一起回顾了实地考察时拍摄回来的照片，我提醒孩子们仔细回忆李叔叔给我们讲解的走马灯。

我拿出从古夏带回来的走马灯给孩子近距离观察，有小朋友看出，在灯笼中，插了一根铁丝作为轴，轴上方用子母扣连接灯盖，等灯笼内蜡烛点燃时，热气上升，形成气流，才能推动叶轮旋转。

我问孩子："我们用于制作轴的材料和这个走马灯的区别是什么？"浩浩说："我们用的是小木棍，这个走马灯是用细细的铁丝。"雯雯说："我们的小木棍很大很粗。"

"小木棍和铁丝比较，哪种材料容易让灯盖旋转呢？"孩子都猜到答案是铁丝比较容易，因为铁丝头是尖尖的，小木棍是方方的。

我继续追问："轴与灯盖的连接处还有没有材料呢？"

此时很多孩子都发现了，说"还有扣子"。

"为什么轴与灯盖的连接处需要放个扣子？扣子起到了什么作用呢？"

浩浩说："铁丝尖顶住扣子，就像陀螺一样，容易转动。"

文文补充说："我看到李叔叔的走马灯灯盖上有小纽扣，不如我们也加上小纽扣。"

妍妍说："我们折的小叶片的幅度太大了，热气都走了。"

发现了问题后，孩子再次进行了讨论。

最后得出的结果是："我们可以试着把叶片放下一点。"

"我们可以收集小纽扣安装在灯盖上，减少摩擦。"

"把转轴磨尖，让灯更好地转动。""也可以在轴上打个洞，放个笔芯尖。""笔芯尖像一把伞顶住小纽扣，撑起灯盖进行转动。"

4. 再出发

经过探讨，孩子对有问题的地方进行了改进，并进行了第二次的制作，这次孩子信心满满地走进木工坊。

灯盖组：凯凯先是将叶片往下折了，这样能留住一部分热气，接下来在盖上安装了一个子母扣，增加转动的顺畅程度。

灯座、灯轴组：孩子拿起电钻在木轴上钻洞，并在洞口安上笔芯，用来增加灯转动的顺滑度。

制作灯轴

孩子拿着重新改装后的成品，进行再一次组装，浩浩再一次将点燃的蜡烛放到灯里面，不一会儿灯真的转动起来。有的孩子甚至开心地跳起来了。

组装完成

教师的思考： 孩子在古夏村听完李叔叔的介绍，回来分享自己的学习成果，又提出了很多问题，那怎么找到问题的答案呢？在教师的引导下，孩子制订了制作计划，孩子的深度学习由此进入了探究和表征阶段。有孩子动手做一个走马灯，这正好与园本文化中的木文化相结合，于是教师支持孩子用制作的方式进行表征，这样做不仅提高孩子的动手能力，而且使孩子在探究中自己解决了问题，并对走马灯进行了更深入的了解。在孩子第一次制作失败后，我和孩子一起回顾了实地考察时拍摄回来的照片，引导孩子回忆可能漏了的细节，孩子针对问题进行改进，在大家的努力下，走马灯的制作完成了。

（二）承非遗文化·分享背后故事

童童说："我看到古夏的走马灯是很漂亮的，我们也来把走马灯打扮一下吧。"文文说："好哇，我们可以用卡纸，卡纸有好多颜色。"浩浩说："我们也可以在幼儿园分享走马灯的故事，让更多小朋友知道！""我们可以多做一些灯给其他小朋友看。""我们还可以开展走马灯观赏大会，让大家一起感受走马灯的神奇和魅力。"随即孩子就开始实施展示走马灯风采的计划。

装饰走马灯。孩子在美工区找到了材料，自己动手对卡纸进行裁剪、拼接、粘贴，现场一片欢声笑语，在孩子们的努力下，"走马灯"穿上了喜庆的衣服，变得更漂亮了。

轩轩说："我们可以去其他班里和小朋友分享走马灯的制作。""可如果他们不听怎么办。"浩浩说："我们可以在周一升旗的时候，和全园的小朋友分享。""这样每个小朋友都了解走马灯了。"浩浩主动当起了讲解员。浩浩给园内小朋友讲述了走马灯的知识，也分享了班级制作走马灯的故事。

讲解"走马灯"

教师的思考： 古夏村“走马灯”的制作历史可追溯百年，是富有特色的民间喜庆元素，2015年，古夏走马灯被列入韶关市第五批非物质文化遗产名录。当孩子提出向全园展示自己制作的成果走马灯时，我是既惊喜又惊讶的，我非常支持孩子对走马灯进行宣传。随着乡村文化振兴的深入推进，让本是居住在镇上孩子参与“走马灯”制作体验中，能更好地传承非遗文化，延续乡风文明。

（三）不一样的秀场·玩转走马灯

走马灯光秀：孩子讨论着要办一场走马灯光秀，展示走马灯的美。“我们该在哪里办呢？”“我们怎么邀请老师和小朋友呢？”“我们可以在美工区展示。”“我们可以去每个班里邀请哥哥姐姐们参观。”“哥哥姐姐们在美工课时就能看见走马灯了。”经过讨论后，孩子将走马灯放到美工区，在展台上摆好，每个班的孩子都有序地来观看这场充满魅力的灯光秀。

灯光秀

不一样的走秀：自主游戏开始了，有的小朋友来到了音乐区，拿起自己喜欢的服装进行更换，学着模特的样子走起了“秀”。他们走了两圈后，就没有兴趣了。台下的小朋友觉得她们总穿这些衣服，既没有新意，也失去了观看的兴趣。

童童失望地说：“我们没有道具，我们的走秀不精彩、不够有趣。”

此时我对孩子说：“原来是我们的表演道具不够丰富，那你们有什么好的想法让我们的表演更精彩呢？”

浩浩说：“我们可以寻找道具，让表演更精彩。”

文文说：“我们在木工坊做了很神奇的走马灯，我们可以拿在手上，在走秀的时候进行展示。”

童童开心地说：“我们可以试试，我们会有更精彩的走秀表演。”

随着游戏的开展，孩子拿起走马灯到音乐区进行走秀表演。

孩子提着旋转的走马灯进行走秀，一下子便吸引了其他孩子的目光，当音乐结束后，小观众们纷纷鼓起掌来。

三、教师小结

在整个游戏过程中，孩子由最初的讨论灯笼，到被转动的灯笼吸引，再到去古夏村认识走马灯，孩子知道走马灯是市级非遗文化，学习到了走马灯的原理，提出自己要做一盏走马灯。在整个探秘走马灯的活动中，孩子能发现问题、思考问题、理解原理、解决问题、创新创造，对走马灯的制作全身心投入，通过与同伴间的合作与探究，迁移已有经验，最终解决实际问题。作为教师我鼓励孩子自由探索、去尝试、去创造，适时引导。

（一）有吸引力的事物能激发孩子的学习和探究欲望

在孩子对会旋转的灯感兴趣时，我并没有固化思维，而是追随孩子的兴趣和原有经验，通过真实情境带领学习。教师将课堂移到古夏村，让孩子对走马灯进行学习，孩子通过赏、数、摸等方式用多种感官感受走马灯的神奇，在真实生活中主动学习和探究，孩子自然而然地开始了一种深度的思考，为后续的发展提供了下一步可能。

（二）以已有经验为支撑且能迁移应用以解决问题

孩子学习了走马灯的原理，决定制作走马灯。在探索过程中，孩子通过对走马灯进行拆装分析，分组分工合作去制作每个模块，体现孩子不仅知道并领会了知识性的内容，而且进入了应用、分析、评价和创造的深度学习阶段。虽然过程中遇到了困难，但孩子在困难中依然保持探索的兴趣，积累解决问题的经验，最终成功，获得了积极的情绪体验。孩子思维能力在整个活动中得以提升，每一环节环环相扣、相辅相成，最终锻炼了孩子的深度学习能力。

（三）创设环境促进孩子的深度学习

教师通过不断探索，积极开发幼儿园的空间教育价值，在美工区和木工区中，最大限度地发挥了小角落大作用，同时，高效利用和布置幼儿园环境，提升环境的丰富性和多样性，给孩子创造了一个充满教育意义的游戏空间。

（本案例照片由韶关市仁化县扶溪镇中心幼儿园提供）

走进瑶族长桌宴

——户外自主游戏活动

韶关市浈江区执信幼儿园　秦朝霞　曾书雨

一、游戏背景

在我园“生态文明理念下幼儿园美术活动与本土资源相融合的实践研究”下，每月我们都会走进不同地区一起感受本土文化。本月我们一起走进了乳源瑶族自治县，在美术活动、区域自主游戏、户外自主游戏活动中进行自主探索活动。

在一日自主游戏活动中，孩子互相分享了自己走进乳源的各种发现，如乳源的山城水都、乳源大布风车、乳源大峡谷、云门山，在观赏到乳源瑶族特色的长桌宴时，孩子发现它跟我们平时用餐的情景不一样，如桌子的摆放、人们的座位、食材等都很特别，于是采用积木材料开始了长桌宴的搭建游戏，搭建后该区域的孩子还与教师和同伴进行了分享。

基于孩子的游戏内容，为支持孩子的深度学习，使其多样化了解乳源的本土文化，我们将结合户外自主游戏活动“野炊厨房”以延伸我们走进乳源的主题活动。并且前期邀请家长与孩子开展了关于乳源瑶族长桌宴的调查问卷，让孩子基于对长桌宴有初步的了解的情况下，开始了户外自主游戏活动。

二、游戏过程实录

（一）游戏推进一：长桌宴怎么玩？

计划时间：

懿懿：“我们的小木屋旁边的桌子很长，刚好可以作为长桌宴的桌子。”

科霖：“我在电视上看到瑶族的长桌宴上面有很多食物，等会我也要在桌子上放很多食物。”

诺诺：“我们今天可以做不同的角色，我想做小客人。”

第一次户外自主游戏前，孩子制订了“走进乳源瑶族长桌宴”的集体计划，并且相互分享自己的游戏角色和内容。游戏开始了，每个孩子自主地选择了客人、厨师、管理员的不同角色进行游戏，一开始每一位客人面前都没有食物和餐具，游戏进行到一半时间，陆续有孩子去厨师那里取了食物，并且摆放在自己面前进行用餐。

孩子在扮演管理员、厨师

一开始只有一位客人有食物客人自取食物后，桌子上堆满食物

游戏结束后，孩子通过游戏体验、游戏故事回顾汇总了以下内容：

孩子游戏情况：

（1）桌子上的菜很少，而且都是放在各自面前。

（2）每个吃饭的人都没有餐具。

（3）没有招待的小主人，每个人自己去拿食物，结果秩序很混乱。

孩子提出的解决策略：

（1）可以制作各种不同的食物，如用黏土制作。

（2）要有小主人给客人准备餐具。

（3）长桌宴是一起吃的，代表团结，所以菜也要放中间不是放在各自面前。

教师的思考： 在游戏过程中，我们可以观察到，孩子在活动前期制订了以乳源长桌宴为游戏主题的游戏计划，并且进行了计划分享，游戏开始后孩子有目的且自主地选择自己的游戏角色，具有一定的游戏自主性。教师观察孩子行为，进行游戏观察记录和分析。

游戏观察记录

游戏表现	关键发展指标	支持策略	学习品质
孩子进行主题游戏计划并且与同伴交流分享	学习主动性与做计划方面，能达到阶段3：儿童用一个简单的句子表述自己的计划，并遵循该计划	支持孩子讨论，提供户外自主游戏场地	计划与实施
在游戏结束后，孩子将本次的游戏问题和策略进行表征记录并且分享	具有书面表达的初步技能，孩子能使用表征进行绘画回顾。 解决问题方面能达到阶段3：儿童能识别问题所在，并用语言表达出来	倾听，并且帮助孩子进行材料的准备	问题的发现与解决

（二）游戏推进二：长桌宴我们可以这样玩！

根据“游戏推进一”的回顾，孩子在班级自主区域游戏活动中使用多种材料制作了更多食物作为游戏道具，在这一次游戏前，孩子进行了小主人和小客人的角色选择。在游戏中，昊霖作为小主人开始将食物放在桌子中间，昊霖说：“长桌宴的食物是放在中间的，大家都能夹得到。”作为小客人的彦彦和珉珉用纸杯碰杯并且说：“干杯。”今天扮演厨师的孩子将灶台摆放位置挨在一起，小主人取餐的方向不同，发生了碰撞的情况。

扮演小主人的孩子将食物放在中间

厨师灶台不同方向

游戏结束后孩子进行游戏回顾，以下是孩子的分享汇总：

幼儿游戏中发现的情况：

（1）不知道哪些是小主人，哪些是小客人。

（2）有些客人没有喝饮料的杯子。

（3）凳子不够，有的小主人没有位置坐。

（4）厨师的灶台很乱，会容易发生“火灾”、摔跤等不安全情况。

孩子在回顾中提出的解决策略：

（1）可以去其他地方搬一些凳子。

（2）引入挂一些灯笼，这样更热闹，有些灯笼比较高，需要用到梯子。

（3）可以穿一些瑶族的衣服，这样就知道哪些是小主人，哪些是小客人。

（4）厨师的灶台要摆放整齐，可以挨在一起，这样就可以在一个方向取餐了。

（5）一直玩吃饭游戏还不够，孩子了解到的瑶族长桌宴除了吃饭，还有一起舞蹈，可以学一些瑶族舞蹈，吃完饭后一起跳起来。

教师的思考： 第二次游戏活动中，孩子能根据第一次游戏情况提出的解决策略进行游戏调整，教师在观察孩子的游戏行为中可以发现孩子的游戏水平在不断提高，围绕不同游戏表现对应的孩子关键能力体现及策略支持和关键的学习品质做出以下分析。

游戏观察记录

游戏表现	关键发展指标	支持策略	学习品质
根据上一次游戏发现的问题，增加了小主人的角色，将制作的不同美食增加在游戏中，并且把食物放在中间进行共享	学习主动性与做计划 阶段4：儿童制订两个或两个以上彼此不相关的计划，并且都按计划完成	支持孩子的游戏内容，使用交叉介入法以客人角色参与到游戏中	计划与实施
昊霖扮演小主人，将食物放在中间，邀请客人进行食物的分享	角色扮演 阶段3：儿童能通过语言或者动作扮演某个角色的简单特征	教师在旁观察，倾听和记录孩子的游戏情况	专注性
作为小客人的彦彦和珉珉用纸杯碰杯并且说：干杯	角色扮演 阶段5：两个及以上的儿童一起玩有不断发展故事线的角色游戏	视频记录	创新性
孩子观察到厨师的灶具摆放问题，并且提出要摆放整齐，避免发生危险	具备基本的安全知识和自我保护能力，儿童能解释安全规则背后的原因	倾听，并且安全教育	问题的发现与解决

（三）游戏推进三：欢迎参加我们的长桌宴

孩子在了解瑶族的服饰特征以及瑶族的特色舞蹈后，收集了灯笼、瑶族服装，准备了更多的食材为第三次游戏做准备。游戏开始后，孩子分为三个小组，第一个小组负责场地布置，把灯笼挂在每一个角落，遇到不够高的地方，轩诚说：“我看到安吉区那边有梯子，我们可以一起搬架子过来挂灯笼。”第二组负责椅子的增添和桌面餐具的摆放。第三组是负责灶台的摆放和食物的“烹饪”。

做好宴会前期准备，身穿瑶族服装的小主人为小客人上菜，一起干杯和“品尝”美食，最后小主人通过敲鼓响起节奏，邀请小客人共同舞蹈，结束活动。

孩子一起搬运梯子准备挂灯笼

厨师将灶统一方向

穿瑶族服饰的小主人在等菜

幼儿游戏后的表征回顾内容

孩子提出的活动问题和下一次解决策略：

（1）孩子提出在下一次游戏中增加邀请更多客人的游戏想法。

（2）菜式不够丰富，可以在课室里面制作更多的食材进行添加。

教师的思考： 孩子在游戏的推进过程中能不断优化游戏内容，并且主动发现问题，利用身边资源材料解决问题，达到深度学习的效果，同时教师适时地介入游戏有益于幼儿游戏水平的发展，以下为教师对本次游戏观察记录及具体分析。

游戏观察记录

游戏表现	关键发展指标	支持策略	学习品质
孩子在了解瑶族的服饰特征，瑶族的特色舞蹈后，收集了灯笼、瑶族服装，准备了更多的食材为第三次游戏做准备	学习主动性与做计划 阶段6：儿童做了一个需要两天以上才能完成的计划，且完成了这个计划	与孩子一起收集服装、灯笼等材料	计划与实施

续 表

游戏表现	关键发展指标	支持策略	学习品质
第一个小组是负责场地布置，把灯笼挂在每一个角落	学习主动性与做计划 阶段5：儿童制订计划后，在游戏过程中实施与完善自己的计划，其过程至少持续20分钟。他们为了更好地实现自己的想法，可能会把材料从一个地方拿到另一个地方，或转移活动区域	教师在旁观察，倾听和记录孩子的游戏情况	主动性和问题解决
孩子提出在长桌宴时要一起跳瑶族舞蹈。在游戏前通过集体活动学习瑶族舞蹈的动作	学习主动性与做计划 阶段7：儿童在完成计划时，能通过使用外部资源来收集完成这项计划所需的信息	教师收集瑶族舞蹈信息，并且结合家长资源，让孩子了解瑶族舞蹈的特点	主动性

三、教师小结

在活动中，我们可以观察到，孩子在角色游戏中可以扮演不同的角色，由于在游戏中处于不同的角色扮演中，孩子会开始从其他角度思考问题，增强了学习素质，接下来我将从以下几个方面分析孩子在活动中的能力发展水平。

（一）孩子学习品质方面

孩子在活动中能较长时间进行角色扮演，并专注于自己角色的“工作内容”。这体现出大部分孩子在活动中的专注力较强，少部分孩子在想更换角色时能遵从他人意愿，选择交换或者继续自己的角色。

在活动推进过程中，孩子能根据发现的问题进行表征回顾，并且以小组或者集体的方式进行问题的提出和策略的商量，孩子有较好的问题解决能力。

（二）孩子发展水平方面

孩子在游戏中能主动与同伴合作，如小主人与厨师的配合，小主人与小客人的互动；孩子能从行为、语言方面与同伴交往并且交流需要解决的问题。

孩子在活动中，通过构建角色、场景和情节来模拟日常生活中的各种情况，如扮演瑶族小主人来招呼客人进行角色的相互联结，以及扮演小厨师、管理员的角色，通过角色游戏表现更丰富、细致的情感和行为。同时，孩子也开始意识到群体活动的重要性，开始与同伴合作、分享和互动，并尽量做到与他人共鸣。

游戏经验有连续性，在三次游戏的推进中，孩子对材料的思考以及对游戏内容的反思，是具有连续性的行为。

（三）能力目标的实现

孩子通过前期对瑶族生活习性的了解，在户外自主游戏中分配的角色，相互配合，模仿成人的走亲戚、到朋友家做客等时机，感受与朋友一起玩的快乐。在“游戏推进三”中，孩子合作商量举办一场瑶族长桌宴，体现了孩子之间的友好相处，孩子在齐心协力下完成活动，在活动汇总体会到合作的重要性，在挂灯笼、摆餐具、招呼客人、节目表演中学会分工合作。在整个游戏推进中，孩子能主动获得人际交往和社会适应能力的提升。

孩子的语言能力是在交流和运用的过程中发展起来的，在活动中孩子处于一个自由、宽松的语言交往环境，孩子能在问题的提出、相互交流以及活动后的游戏回顾一对一倾听中丰富其语言表达能力。每一次游戏后，孩子将进行游戏的表征回顾，将每一次的游戏进行简单的表征并且请教师进行倾听记录，孩子在表征中提高自己的反思能力以及叙述能力，并且养成使用简单的图像表达自己的想法的习惯，具有书面表达的愿望和初步的技能，教师能在倾听中了解孩子的游戏情况，能给予适时的支持与引导。

艺术是人类感受美、表现美、创造美的重要表达形式。通过结合瑶族长桌宴这一主题，孩子能从调查中了解长桌宴除了有美食，还有祝酒歌和瑶族舞蹈。通过感受身边的艺术之美，孩子能在观察中主动提出艺术学习的希望，并且教师在集体活动中为孩子创设艺术感受的机会，与孩子一起发现美的事物特征，并且用倾听和观赏等方式感受瑶族舞蹈、器乐的特色。孩子能将经验延伸到户外自主游戏活动中来。

（四）教师的活动支持

在活动中，教师以孩子在前、教师在后的方式为孩子提供支持和帮助，以确保孩子能够在游戏中发挥自己的想象力和创造力，并获得具有意义和价值的体验。以下是幼儿教师在孩子角色游戏中的支持：

1. 支持话题，提供材料及场地

教师在观察中及时捕捉孩子的游戏需求，提供话题和材料来启发孩子的创造力和想象力，帮助孩子更好地开展角色扮演游戏。

2. 提供角色扮演道具

教师根据孩子的游戏需求，与孩子一起收集更多的游戏材料，帮助孩子更好地进入游戏氛围，如灯笼、瑶族服饰、鼓等，让孩子能在更加直观的场景下进行游戏的推进。

3. 激发孩子的想象力

教师通过提问，引导和激发孩子的想象力，让孩子更好地探索和发掘游戏的可能性。例如，教师可以引导孩子讲述自己在角色游戏中的所见所想，发展孩子的想象力。

4. 提供适当的反馈

教师通过观察孩子的行为，给予他们适当的反馈，鼓励他们进一步发掘和实践角色游戏的可能性。

（五）延伸探究

户外自主游戏活动是幼儿园教育中的一个重要环节，对孩子的身心健康和综合素质发展有着很大的帮助。在孩子基于走进乳源长桌宴的游戏推进下，教师可以通过以下方法来支持孩子进行自主游戏的延伸：

1. 开展系列主题活动，增进了解

教师可以开展一些关于乳源瑶族五大领域的活动。例如，语言。长桌宴、科学、乳源瑶族建筑。又如，艺术。瑶族长鼓舞、绘画长鼓等活动，让孩子能在更加系统的活动中完善经验基础，拓宽自主探索的空间。

2. 家园共育，拓展游戏空间

将瑶族长桌宴的游戏内容与家长进行分享和交流，让家长对我们韶关本土的瑶族习俗增进了解，并且有效挖掘家长资源，让更加专业、对乳源瑶族文化更了解的家长为孩子的认知提供更为专业的引导，如乐乐爸爸是乳源瑶族舞蹈的专业导师，我们可以邀请他带着他的团队走进校园，为孩子带来更加丰盛的艺术盛宴，为孩子自主游戏进行升华。

家长也可以在家鼓励孩子进行洗菜、煮饭等家务尝试，提高孩子的自我服务能力和劳动能力，为科学育儿提供更多的参考建议，也给提供了孩子走出校园体验更加真实游戏的情境。

3. 发挥孩子的创造力

在户外自主游戏中，教师可以引导孩子自由发挥，使孩子在探索、发现新的东西，并让孩子在体验、尝试过程中，激发创新思维和创造性，在挖掘潜在兴趣的同时，促进孩子的身心发展。

总之，教师在支持孩子进行户外自主游戏时，需要重视孩子的自主发展和探索，做到倾听孩子，观察孩子，提供相关知识和技能帮助，进一步拓展游戏活动，发挥孩子的创造力，让孩子能够在游戏中获得乐趣，提升能力和素质，并帮助孩子更好地与自然互动。

（本案例照片由韶关市浈江区执信幼儿园提供）

珠玑古巷下的集市

韶关市浈江区执信幼儿园　秦朝霞　陈　艳

一、游戏背景

五月，我们结合新课程进入了“探秘南雄”的主题探究。活动中，孩子围绕着南雄这一地域特色展开了对家乡美食、美景以及珠玑古巷文化的调查、了解和探究。一次，在户外混龄自主游戏活动中，小二班的孩子也学着哥哥、姐姐用长方体积木块搭起了三层高的雪糕摊位，用小积木块沿着摊位围成了一个长方形区域。明月说：“我们把雪糕拿去古巷下摆摊，怎么样？”意洋说：“好哇，可是这里一点都不像珠玑古巷。”槿霖却在一旁开始了叫卖：“卖雪糕啦，快来卖雪糕了。”随着一阵叫卖声，孩子开启了一段关于珠玑古巷下集市的搭建探究之旅。

二、游戏过程实录

孩子在进行“雪糕摊位”的搭建

（一）珠玑古巷怎么搭？

明月：“老师，我们刚刚在建构园卖了雪糕，可好玩了。”

教师：“听起来很不错哦，游戏中有遇到什么问题吗？”

明月：“有，就是洋洋总说这里不像珠玑古巷，我们也想像以前的人一样试一试在古巷里卖东西。”

教师：“那珠玑古巷的集市应该是怎么样的？你们觉得？”

意洋：“要有珠玑古巷的石门牌坊。”

槿霖：“要有长长的古巷路。”

妙苏：“有好吃的卖。”

讨论后，孩子尝试在班上用小积木开始了珠玑古巷建筑的搭建。

孩子尝试进行珠玑古巷建筑的搭建

教师的思考：一次游戏后的回顾引发了孩子想在珠玑古巷下摆摊的想法，摆摊的环境怎样才能像珠玑古巷激发了孩子的讨论和思考，而讨论正是拓展游戏、梳理分享经验的好时机，教师决定给予孩子思考的空间和时间，鼓励孩子主动尝试并根据自己的想法先进行搭建。

给予机会，让孩子进行珠玑古巷牌坊初尝试：①珠玑古巷牌坊搭建初尝试：孩子用小积木块进行了珠玑古巷牌坊搭建。②珠玑古巷牌坊再尝试：孩子请求教师帮助，制作珠玑古巷牌坊KT板，用椅子、积木块、牛奶盒垒高的方法进行牌坊的搭建。③珠玑古巷牌坊搭建成功：孩子最终选择用积木块和牛奶盒进行垒高搭建，初步建成珠玑古巷牌坊。

初步建成珠玑古巷牌坊

（二）古巷道搭建

起初，孩子用小积木块进行了巷道的平铺、围合，体验了一番小珠玑古巷的乐趣，后来，孩子又尝试用长条板块积木进行了古巷道的围合和连接，楷霖说：“这些都不是珠玑古巷的石头路，也不像珠玑古巷。”明月说：“那哪里有石头铺路？”楷霖说：“哦，我知道啦，我们的地板就是石头铺的路呀！”大家哈哈大笑起来。

铺 路

教师的思考： 在“探秘南雄”探究主题中，孩子对珠玑古巷有了更为全面、丰富的想法，多元的前期经验让孩子在搭建过程中可以通过尝试、讨论对自己的作品进行简单的评价和提出疑问，如古巷的石头路搭建，从用长板块铺路到直接沿用地板，并得出“地板就是石头铺的路”的游戏策略，既化解了游戏中的矛盾，又体现了幼儿游戏的趣味和对生活经验的理解。

（三）摆摊的货柜怎么搭？

孩子开始尝试货柜的搭建，可是一放货物货柜架就倒了，孩子纷纷拿了大的空心积木块进行垒高，慢慢地，大家都开始拿这种材料搭建货柜，最后空心积木块供不应求，怎么办呢？还有其他搭建货柜的方法吗？

搭建货柜

为激发孩子产生想法，而不是单一地运用空心积木垒高，将孩子们分成了三个组。

超市货柜调查组：

孩子提出超市就有很多货物，他们的货柜是怎么搭建的呢？孩子和家长一起来到超市对超市货柜进行调查，孩子发现同一货物是在同一货架上的，货柜的架子很长，货柜有很多层。

采访组：

调查超市后，孩子和爸爸妈妈分享自己在超市的发现，并请爸爸妈妈设计出水果货架、零食货架的搭建设计图，请家长在家里尝试运用不同的材料进行搭建，给予孩子示范。

实验搭建组：

回到班级后，孩子开始尝试用长板块和小积木块进行垒高搭建，小心翼翼地进行物品存放。

孩子对超市货柜的款式和摆放进行了调查

搭建各种款式货柜

教师的思考： 孩子在尝试搭建的过程中发现问题，随着探寻问题的过程，孩子利用调查表和爸爸妈妈走进了超市，发现了超市货柜的不同样式以及货物的对应分类和摆放，并在这个过程中获得成长。

游戏观察记录

孩子行为	分析与思考	支持策略	孩子发展
孩子尝试搭建，发现搭建材料不够，转向教师寻求帮助	孩子在亲身体验中自己发现问题，激发孩子对问题的兴趣，激发孩子学习力	提问1：其他材料可以搭建货柜吗？ 提问2：超市里的货柜是怎样搭建的？	通过调查，了解水果、零食等不同货架的样式
交流调查结果，孩子初步设计自己想要搭建的货柜，并运用牛奶盒、奶粉罐，长板碳化积木进行搭建	孩子通过调查、感知并尝试用不同材料进行搭建，扩宽了孩子思维	支持、肯定，为孩子每次搭建的货柜作品进行拍照、记录，鼓励孩子分享	孩子货柜的搭建有更丰富的呈现和创意

（四）可以卖什么货物?

孩子们的“珠玑古巷”的集市越发有规模了，他们拿了饮料、巧克力豆、碳化积木作为货物叫卖了起来。此时，教师制作了一个板鸭，走到孩子身边说：“请问哪个摊位有卖南雄板鸭的？”孩子纷纷摇头。教师说：“可惜了，珠玑古巷下没有特产卖，我还想着带些特产回家呢。”孩子说：“有，有，等下就有。”槿霖拿出一个碳化积木说：“老师，这是南雄花生饼，你来买吧。”教师笑了笑：“太好了，花生饼真不错，如果又像真的就更好了。”第二天，教师给孩子找来了许多轻黏土，问道：“孩子们，这些轻黏土可以做南雄美食吗？”孩子纷纷说道：“可以，当然可以。”

“南雄有什么美食呢？”

“花生饼可以怎么做呢？”

“我还吃过糖环棍，我们也一起来做糖环棍吧。”

“老师，南雄板鸭怎么做？”

孩子提出问题：我们选什么材料做呢?

教师持续关注孩子的活动状态，通过示范、平行介入等方式鼓励小班孩子制作南雄美食。

霖霖：“老师你看，所有的花生饼都连在一起了。”

妙苏：“霖霖，看我用黏土时，试一试用小手搓两次，然后花生饼放得开一些。”

霖霖：“哦哦，好的，我试一下。”

教师的思考：活动中，孩子通过直接感知、亲身体验、实际操作，进行南雄美食的制作，在做做、玩玩中再次回顾讨论起家乡的美食，如花生饼的形状、花生饼的味道等，对家乡的美食有了进一步的了解，更在过程中激发了爱家乡的情感。另外，孩子在制作家乡美食过程中遇到的问题，教师并没有第一时间进行帮忙，而是通过眼神的鼓励、平行介入、启发式的提问鼓励孩子自己先尝试解决问题，如“黏土都黏在一起了怎么办”？通过同伴之间的互相学习，帮助孩子找到了问题的解决方法。

（五）货物怎么卖?

“老师，他抢我的货物。”说完，晨晨离开自己的摊位向拿走货物的森森跑去，并抓住了森森的小手抢回了货物，森森大哭。教师把这一瞬间进行了视频记录并在游戏回顾中寻求孩子们的解决办法。

元元说：“打人是不对的。”

萱萱说：“抢东西也不对”。

教师提议：“我们一起问问森森的想法吧。”

森森说：“我想要这个漂亮的手工篮子。”

晨晨说：“但你没经过我的同意就拿走了。”

教师问：“孩子们，集市上如果想要漂亮的手工篮子可以怎样买？老板应该做什么？顾客应该做什么？”

楷霖说：“我知道了，我们要用钱买。”

森森说：“哪里有钱？”

楷霖说：“用手机扫码呀。”

可是班上没有手机，也没有扫码口。

根据反馈的问题，一部分孩子从美工坊找来了一些废纸剪成了钱一样的大小，用这些废纸当成了钱开始了买卖。孩子们提出：“我们家有玩具手机，明天带来幼儿园可以吗？”根据孩子的提议，教师在班群发布了征集玩具手机、自制手机材料的通知并制作了扫码牌，第二天，孩子从家里带来了不同款式的手机，有旧手机，也有自制的手机，孩子高兴地说：“哇，我们可以手机扫码了。”

“珠玑古巷”下各类“集市摊位”的买卖活动开始了

教师的思考： 由孩子在活动中发现的问题，把问题尝试交回给孩子进行思考、解决，这个过程不仅避免了简单的说教，更重要的是让孩子通过问题的解决，能在约定俗成的规则里遵守游戏规则。在本次问题解决的过程中，孩子再次通过讨论，分享了生活经验，如了解买卖的过程以及老板和顾客的角色，丰富了社会认知。

（六）逛完集市还可以做什么？

逛完集市后，孩子手里拿着货品很是不方便，有些孩子还在大马路上玩起了刚买来的车子，古巷两边都是孩子买完货后的货物，于是，在幼儿游戏回顾时教师提出：“孩子们，集市逛完后你们想做点什么呢？”

天羽说：“想坐下来休息。”

楷霖说：“吃花生饼。”

元元说：“喝饮料。”

渐渐地，孩子在卖货的旁边开始建起了围栏，有些铺上了地垫，还搭建了一个鞋柜摆放鞋子，孩子们说：“这是逛完集市后可以来玩的跳跳床。”有些搭建了小床，脱下鞋子，拿起积木块和小伙伴们玩起来VR体验游戏。

珠玑古巷下孩子搭建了各类休息体验区

教师的思考：尊重孩子兴趣，教师在这次活动中作为观察者，发现孩子集市活动后的问题，当孩子的游戏无法深入或者不感兴趣时，教师并没有放任不理，而是继续倾听孩子的想法，通过启发式的问题让孩子再次发现游戏的新玩法，活动中通过鼓励、肯定孩子的新玩法，促使孩子在活动中有更大的信心和动力，同时，在下一次活动中，我们还会给孩子提供更多的时间和空间，家长提供材料助力，教师推动游戏，孩子大胆创新，相信孩子还会有更丰富的自主游戏搭建。

三、教师小结

（一）活动中孩子的进步与发展

《3—6岁儿童学习与发展指南》指出：“给孩子提供丰富的材料和适宜的工具，支持孩子在游戏中探索并感知材料的特性和物体的结构。”“教育者还应给孩子创造机会，支持孩子的自我表现和创造。”在本次的活动中，孩子从“卖雪糕”小摊到人人都想要一个小摊，从在建构园摆摊到想在珠玑古巷中摆摊，孩子在游戏中不断经历问题，解决问题，并在解决问题中丰富了对家乡珠玑古巷集市的了解，获得了简单的买卖经验。

（二）孩子学习品质的培养

教师应重视孩子的学习品质的培养，要充分尊重和保护孩子的好奇心和学习兴趣，帮助孩子逐步养成积极主动、认真专注、不怕困难、敢于探索和尝试、乐于想象和创造等良好学习品质，这对孩子的成长与发展具有重要意义。孩子在建构中结合自己的兴趣和经验，生成自己的建构主题，围绕着“搭建珠玑古巷”到“小摊货柜”“集市上的买卖”等使孩子逐步形成自己的搭建风格，通过不断解决问题，促进了孩子“主动性”“好奇与兴趣”两类学习品质的发展。

（三）搭建经验技巧的丰富

在孩子的生活经验不够丰富或较为零散的情况下，教师可以围绕主题内容，通过谈话、参观、收集资料等各种形式加深孩子对搭建内容的了解。教师可以先通过谈话活动了解孩子已有的经验，在有条件的情况下带孩子实地参观考察，也可以让孩子和家长一起收集视频、图片资料，亲子一起学习相关的资料，以此丰富并拓展孩子对相关主题的经验。例如，本次活动中孩子拿着调查单到超市观察各式各样的货柜，并利用架空、垒高、围合等方式进行货柜的搭建，同时，孩子还利用搭建围栏的方式进行小摊位的拓宽。这让孩子在游戏中发展了各项潜能。而在货物的摆放过程中，孩子学习了饮料区、车区的一一对应摆放，并在游戏中感知了数学的有用和有趣。

（四）从个人搭建到合作搭建

早期发展心理学家维果茨基认为，在我们正式接受知识技能的学习以前，游戏是成长最重要的资源。通过游戏，孩子学会了很多基本的社交技能。在游戏中孩子发展出自我的概念，学会如何和其他孩子相处、怎么交朋友、与他人沟通、扮演自己的角色等。通过珠玑古巷集市的搭建孩子从个人的搭建游戏逐渐发展成合作搭建游戏，为了同一个摊位的搭建一起努力，合作寻找材料，共同进行创意组合。

（五）从积木搭建到与角色相融合

同一主题能让孩子再度思考，融入更多不同角度的创造，孩子根据自己的生活经验，通过想象，在主题建构游戏中生成了更丰富的游戏情节，如老板和顾客、爸爸妈妈带着宝贝去逛集市等。这正是孩子顺应了自身的发展，衍生出的更深层次的游戏需要，这样的游戏情节能促进孩子认知、情感、社会性等多方面的发展。本次的游戏观察强化了教师对主题建构游戏与角色游戏融合的关注；有效提升了教师对孩子的观察解读能力以及支持孩子创造性发展的能力。自由自在的游戏环境是孩子“主动性”“专注性”“坚持性”“想象与创造”等多种学习品质共同生长的土壤。当孩子沉浸于游戏，在与材料的互动中思考下一步怎么搭时，孩子的这些学习品质都在悄然发展。

（六）孩子社会性的发展

从了解货柜的建构到尝试搭建货柜，丰富了孩子搭建技巧和经验。游戏的第三阶段的缘起来源于孩子对“探秘南雄”主题中对珠玑古巷的兴趣，珠玑古巷的历史小故事以及韶关美食特产让孩子产生了要在珠玑古巷逛集市的想法，孩子开始为自己的集市档口的货物忙碌，如做花生饼、石角豆腐、板鸭等，孩子在做中学、学中玩，也在这个过程中扮演起了丰富的角色，如老板、顾客、外卖员等，孩子在游戏中成长、收获，满足了孩子在游戏中对自我的探索与认知。

（七）指导策略

1. 创设环境

为更好地丰富孩子的游戏体验，我们在建构区创设了丰富的环境，如孩子的故事表征墙，让孩子可以随时关注自己的游戏阶段。

2. 投放材料

活动中通过投放孩子的自制特产美食、手机、购物袋等，丰富孩子的建构后的角色体验，达到各领域间以及区与区之间的融合，满足孩子的最快乐体验。

3. 活动设计

为了丰富孩子的认知，我们进行了社会活动“开心超市”，科学活动“超市里的一一对应”等活动支持孩子的游戏。

同时，我们利用家长资源，通过在家的经验铺垫，让孩子和爸爸妈妈一起逛珠玑古巷，带孩子亲身感受珠玑古巷下的买卖，极大提升了孩子对本次建构主题的兴趣。

（本案例照片由韶关市浈江区执信幼儿园提供）

走进瑶族

——户外游戏活动

韶关市浈江区执信幼儿园　秦朝霞　孙文静

一、游戏背景

早在大班上学期，大一班的孩子就开始了在森林课堂唱唱跳跳讲故事。因此，对于如何利用森林课堂的户外游戏区域的环境和材料进行游戏，孩子已经有了一些经验。升入大班的第二个学期，大一班向全班征集了锅碗瓢盆并在森林课堂投放，还在舞台旁立了个架子，供孩子固定大小锅，舞台另一边也放置了两张桌子，供孩子摆放各类服装、乐器和装饰品。从本学期的第一次进区起，孩子就喜欢拿着PVC管对着周围的锅碗瓢盆敲敲打打，我们对孩子怎样进行游戏非常好奇。近两个月来，我们追随着孩子的兴趣，见证了他们在连续游戏的过程中获得的收获与发展。

二、游戏过程实录

（一）我给“乐器”穿花衣

宝棋说：“老师，这些锅都黑乎乎的，好丑啊，我都不想敲它了，能不能在它上面画画，让它变得漂亮一点？”我说：“可以呀，这主意不错。”话音刚落，宝棋对旁边的诗诗和希希说：“我们用这些锅来画画好不好？”三人一拍即合，选择了自己喜欢的“乐器”到写生区画画，还对着其他的同学说：“我们去画画咯！”其他人看到宝棋的举动纷纷跟来观看，有的也跟着宝棋拿着“乐器”在写生区画了起来，霎时间，表演区空空如也，写生区热闹非凡。

经过孩子的一番绘画改造，森林课堂的乐器换上彩色的新衣，焕然一新，生机盎然，晋晋戴上皇冠，披上披风，拿着两根PVC管在乐器前，激情地为主唱打着伴奏。孩子在写生区“为乐器穿花衣”，装饰好乐器后，就在表演区盛装打扮进行乐器演奏。

我给“乐器”穿花衣

教师的思考：我们发现孩子的审美水平得到较高的发展，对乐器的美感提出了更高的要求，并且能够与旁边的写生区进行结合，借助写生区的材料，完善森林课堂的乐器道具。对于刚收集回来的低结构材料，孩子对其有新的想法，要对“乐器”进行装饰，进而转换了游戏的内容。自主游戏中的孩子对新材料、环境的探索是一个由陌生到熟悉的过程，在投放新材料的初期，孩子涌现出了新的想法，有许多的变化，我采取的是鼓励支持，并继续观察接下来孩子会怎样继续游戏。

（二）自制瑶帽俏姑娘

在美术活动“美丽的瑶族服饰”后，在进行自主游戏计划的时候，乐乐对我说：“老师，瑶族的帽子很漂亮，我们可以在森林课堂做帽子吗？做好了，我就可以戴上它跳舞，这一定很好玩。”我说：“那行，如果要做帽子，最好用无纺布来制作，再准备一些黏土作装饰。”说完，乐乐跳着跑到宝棋身边，说道：“你和我一起去做帽子，我们做一个很漂亮的帽子，戴上它跳舞肯定美极了。”

来到森林课堂，孩子看到制作瑶帽的材料，纷纷过来一起做帽子。乐乐选择了一小块蓝色的黏土，将它搓成长条状，在帽子的上方，捏出了一个蓝色的小爱心。旁边的宝棋选择玫红色的黏土，她熟练地将黏土搓成长条状，在帽子的上方，将它摆成波浪的形状，在波浪的下方用白色的圆圈作点缀，在搓白色的小圆球时，她望向草地，好像发现了什么。只见她蹲下捡起了地上的一朵玫红色的小花，宝棋把花瓣摘了下来撕碎，分散放在了长长的黏土上，揉在一起，一边揉一边对旁边的乐乐说："你看这个花瓣也可以作装饰，用花瓣装饰更漂亮！"乐乐看了一眼宝棋手上的花，没有说话，继续装饰着自己的帽子。用完手上的花瓣，宝棋又站起来，向周围望了一圈，好像又发现了什么，朝着远处跑去，在地上拾起三朵白色小花，又跑回了自己的位置。用白色的花瓣，继续点缀自己的帽子。孩子在装饰帽子时，突发奇想地收集地上的花瓣作为素材，对帽子进行了装饰。

自制瑶帽

教师的思考： 在开展本土资源"走进瑶族"的活动中，孩子对瑶族的服饰、帽子都非常感兴趣，甚至主动将瑶帽的制作活动拓展到了户外自主游戏当中，孩子是天生的艺术家，只要有材料，他们就会根据自己的喜好，开始自己的创作，在创作期间，孩子还能主动观察周围的环境，寻找天然的材料进行瑶帽的创作。在此活动过程中，教师为孩子进行瑶帽创作的材料主要有无纺布和轻黏土，其他的低结构材料提供不足。

（三）戴上瑶帽跳竹竿

宝棋做好自己的瑶族帽子后，对大家说："我的帽子做好了，你们看漂不漂亮？"一边说宝棋一边转圈，忽然帽子歪了，宝棋："哎呀，它好松啊，老是掉下来！"这时，旁边的乐乐说："拿个夹子夹住它就好啦！"说完，乐乐从篮子里拿了一个夹子递给棋棋，宝棋倒腾了半天也没夹住，于是向我求助。宝棋："老师你帮帮我，帽子好松，我弄不好。"宝棋解决了帽子松动的问题，戴着帽子开心极了，对同伴说："你们做完了没有？我们去跳舞吧，要不然等下活动结束，就没时间啦！"听到宝棋这么说，同伴们都拿起帽子戴了起来，准备加入宝棋的舞蹈队伍。只见宝棋拉着乐乐，站在舞台上，四处张望似乎思考着什么。宝棋停顿了一会儿说道："哎，我们跳竹竿舞，没有竹竿怎么跳哇？"乐乐说："可以找一些棍子代替呀！"宝棋："那哪里有棍子呀，去树下面看看有没有树枝掉下来。"乐乐："树枝早就被阿姨扫走啦！"宝棋："那怎么办呢？"这时宁宁竖起食指激动地说道："我们之前在户外混龄的时候不是跳过那个竿子吗？楼梯底下有很多根塑料竿子，我们去把它拿来就行了呗。"说完，大伙就向楼梯底跑去，一人抱了一根竿子，回到了森林课堂。宝棋有序地指挥着，说："我和乐乐先跳，你们先打竿，待会儿我们再交换。"说着，宝棋拉着乐乐，在跳动的竹竿（其实是塑料竿，当竹竿用，后同）前来回跳动，嘴上喊着"哒哒哒哒哒，哒哒哒哒哒"的节奏。棋棋又道："你们要跟上节奏，不要太快了，不然我都跳不了了。"这时，乐乐也说："你们的竿子要打开一点，不然我的脚都放不去啦，很容易被夹到。"听取了建议，打竿的孩子又调整着自己的打竿方式，棋棋和乐乐也变换着跳竿的方式，由自己跳变成牵手跳，还加上了自己创作的动作。孩子将在班上开展的瑶族竹竿舞活动移动至户外自主游戏的场地中，戴上自制的瑶族帽子进行舞蹈表演。

跳竹竿舞

教师的思考： 孩子在进行游戏时遇到问题没有回避，而是积极讨论寻求解决方案，可见孩子对于如何加固帽子以及如何寻找材料代替竹竿有自己的思考和经验，且思路清晰，自由游戏为孩子提供了自主思考解决问题的实际情景。在游戏过程中，我看到了喜悦、专注、创造、合作，为了让这份优质的学习品质得以延续，我在接下来的活动中，为孩子收集了更多的低结构材料和服饰，在户外投放的同时，也在室内投放，以满足孩子体验表演欲望。另外，我还收集一些关于瑶族竹竿舞的视频、音频，丰富孩子关于瑶族竹竿舞的相关经验。

（四）竹竿舞上线啦

做好计划，换上服装，只见宝棋站在话筒前，宣布道："节目马上就要开始啦，请观众们坐好，演员上台表演，第一个节目是跳《竹竿舞》。"随着主持人的发言，演员们全部走到了台上，表演人员站成了一团儿，这时希希吆喝了一声："谁来打杆哪？没有人打杆怎么跳？"这时玥玥踊跃地举起手说："我来！"说完就坐下来拿着竹竿，准备打杆，看到积极的玥玥，翎翎、怡怡也陆续坐下来，但还差一位打杆人员，这时维维环顾了四周见没有人打杆，于是笑了笑说："没人来的话就我来吧！"这时宝棋说："节目开始，请放音乐，会跳的一起来。"听到主持人宝棋的一声吆喝，在台下的诗诗也走到了台上来，加入了竹竿舞。待打杆的同伴摆好竹竿造型，跳舞的孩子都纷纷挤到后方，可即便都贴着舞台的后墙了也挤不进去，这时，宁宁对着打杆的同伴说道："你们要往前一点，我们后面都没位置了。"听到宁宁的建议，打杆的孩子一边拿着竹竿一边向外挪动着，给后面的同伴空出准备的位置。问题解决了，节目开始啦！只见有的演员单独跳，有的演员拉着同伴组合跳。

竹竿舞上线啦

教师的思考： 今天孩子穿上了瑶族的服饰，拿上了瑶族的竹竿，组成了一个表演"瑶族竹竿舞"的舞蹈队，他们已经基本掌握了打杆和跳杆的基本要领，舞者和打杆者能够跟随瑶族舞曲的音乐相互配合，这缘于大班下学期我们开展"走进乳源"的主题活动的经验。在游戏的过程中，孩子能及时发现演员分配的问题，并能积极配合团队主动承担打杆任务，在发现舞台后方排队的位置不够时，能主动提出建议，让同伴把竹竿往前挪动，这表现出孩子具有发现问题、解决问题的能力，以及有较强的责任感，孩子可以在活动中练习自己所获得的各种能力，不断地丰富自己的游戏经验，让舞台表演更有序、更有趣。

演出之后的分享交流是帮助孩子梳理经验、激发思考、深入游戏的过程，游戏结束后，我会请孩子画出他们在本次活动中遇到的问题，以及他们是如何解决问题的，教师与孩子进行一对一的倾听以及记录。在活动总结分享时，把孩子在活动中遇到的典型问题抛出，和孩子展开分享和讨论，利用该素材作为教育的契机，通过提问启发，调动孩子积极思考解决问题的积极性，培养孩子自主解决问题的习惯。

三、教师小结

（一）从游戏的历程，看孩子发展的轨迹

在以上追踪的四个阶段中，我们能看出孩子发展的历程，从户外自主区域材料的美化装饰—结合本土资源乳源瑶族元素创作瑶帽—利用自制瑶帽跳竹竿舞—服装道具一应俱全地进行瑶族竹竿舞的演出。每一个阶段都表现出了孩子在游戏过程中的学习和发展。

1. 游戏的内容由简单到深入，看孩子的自主性

这是一个自主理念引领下的自主游戏案例，游戏中的孩子从大班上学期就开始进行自主游戏活动，能自主选择场地、材料、伙伴、游戏内容等。经过一学年的自主游戏实践，孩子的自主游戏能力得到显著的提升，他们有着自己独特的兴趣与爱好，能够自主作出选择，其游戏的内容和形式不断地丰富和提升。在本案例的前期，孩子只是对森林课堂的服装和麦克风感兴趣，不停地更换着服装，跳着自己喜欢的舞蹈，拿着麦克风唱自己喜欢的《奥特曼》《孤勇者》等，孩子的表演游戏经常会因受到不确定因素的干扰而中断，但是这并没有使孩子放弃游戏，相反，他们还结合了本土资源“走进乳源”的主题活动，联合了旁边的写生区，让其为自己美化、生产表演道具。可见，只要孩子的游戏建立在他们的兴趣点上，就会形成强大的内驱力，促使他们积极开动脑筋，主动利用身边的资源来解决遇到的问题，促使孩子将他们的游戏进行到底，玩出特色，玩出水平。

2. 游戏人数由少到多，看出孩子的兴趣度

森林课堂表演的内容由单一到丰富，《3—6岁儿童学习与发展指南》中指出，5—6岁孩子能够“积极参加艺术活动，有自己比较喜欢的活动形式”，“能用多种工具、材料或不同的表现手法表达自己的感受和想象”。随着孩子

表演游戏的深入，已经充分体现了以上目标。舞台上不仅有“丁零零”“咚咚咚”各种乐器发出的声音，还有多种表演，如唱歌、武术操、讲故事、独舞、歌伴舞、双人舞、群舞，甚至有民族特色的竹竿舞等。尤其是在“竹竿舞”的表演中，孩子打杆的节奏、舞步的节奏，都能和音乐配合得特别好，孩子的表情、动作、神态都非常投入，仿佛真正地置身于瑶乡中。

（二）支持孩子的游戏，助力孩子学习与发展

教师是幼儿游戏环境的创设者，幼儿游戏过程中的观察者，幼儿游戏进程的支持者。所以，教师要观察了幼儿游戏的过程，解读孩子行为中的学习，继续为孩子深化学习提供宽松的环境和机会。

1. 按需提供材料，协助孩子做游戏前的准备

在孩子持续的游戏和分享过程中，孩子对表演的认识逐渐清晰，他们已经从一边游戏、一边寻找需要的材料，变成在游戏前就开始做活动计划，有目的地为户外自主游戏做好准备。例如，孩子提前在美工区找到自己需要的材料，带到户外活动的场地；提前告知教师需要下载的音乐。这说明，孩子在游戏中的学习是整合的。孩子能有计划、有条理地实现自己的目标，能够根据材料的特征为表演选择和搭配简单的服饰、道具。我需要做的就是最大限度提供材料，如在本次开展瑶族竹竿舞的活动中，我向园方申请领取了若干套瑶族服饰，向家长寻求了竹竿的资源，帮助孩子实现计划和设想。

2. 互动对话，助力游戏进程的深入

孩子在自主游戏中有大量的自发学习，而且学习非常有效，游戏后孩子会探讨游戏中的历程。游戏后我会与孩子进行互动分享：一是鼓励他们把自己的游戏经历用绘画的形式记录下来；二是引导孩子对绘画内容进行表达；三是用追问、反问、质疑等方式，引导孩子反思各类问题，促使孩子的思维越发活跃。

综观整个案例，我们相信孩子的能力，由此为出发点，持续地观察、解读孩子的游戏行为，不干扰他们的游戏思路和进程。在互动分享时，我运用游戏中的照片、视频帮助孩子对自己在游戏过程中遇到的问题进行反思。这时，孩子能更加客观地感受到自己的行为以及影响，学会站在集体和他人的角度思考自己的行为。

我们也从孩子的游戏、分享过程中，看到了他们丰富的艺术表现形式，以及极强的艺术表现能力，我们也知道了每个孩子的想法以及蕴藏其中的艺术潜力。每当看到孩子遇到问题积极思考想办法，调整策略的行为，都惊叹于他们的奇思妙想和被他们不怕困难的恒心而感动。在观察、倾听孩子的过程中，我也在当一名学生。

森林课堂环境

（本案例照片由韶关市浈江区执信幼儿园提供）

手工出奇作

竹蜻蜓

乳源瑶族自治县大桥镇中心幼儿园　林丽霞　李东鸾

一、游戏背景

游戏是幼儿园最基本的活动，游戏贯穿于孩子一日生活之中，作为一种教育形式对孩子有着重要的影响力。著名教育家陈鹤琴先生曾说："小孩子是生来好动，是以游戏为生命的。"而传统的民间游戏曾给我们带来多少童年的欢乐！民间传统游戏有着悠久的历史和浓郁的趣味性，能够满足孩子的好奇心，符合孩子活泼好动的年龄特点。《3—6岁儿童学习与发展指南》中也强调：幼儿园自主性游戏是孩子所进行的自发、自主、自由的活动，教师在这个过程中要善于发现和保护孩子的好奇心，充分利用自然和实际生活中的机会，引导孩子通过观察、比较、实验等方法，学习发现、分析和解决问题。为进一步落实《3—6岁儿童学习与发展指南》精神，传承和弘扬优秀传统文化，丰富孩子的游戏活动，促进孩子身心发展，乳源瑶族自治县大桥镇中心幼儿园一直以"游戏中学习，快乐中成长"的园所文化，积极挖掘乡土资源和民间传统游戏。竹蜻蜓是一种中国传统的民间儿童玩具之一，流传甚广。竹蜻蜓由两部分组成。一是竹柄，二是"翅膀"。竹蜻蜓也是一个深受小朋友喜爱的传统玩具，玩的时候，双手一搓，然后手一松，竹蜻蜓就会飞上天空，旋转一会儿后，才会落下来。竹蜻蜓也是孩子非常喜欢的一项体育活动。竹蜻蜓可以发展孩子的身体平衡能力，提高孩子动作协调性和竞争意识。根据我园的健康教育活动和"民间体育游戏的挖掘与创新"，我们开展了竹蜻蜓自主游戏活动。一天早上，孩子带了自己制作的竹蜻蜓来班里，大家都非常感兴趣，一下子都围了过来，孩子的反应引起了我的思考，不妨作为教师的我也跟着孩子的兴趣出发，进行一次竹蜻蜓的探索，于是我们在开展活动前先投放了一些塑料材质的竹蜻蜓在区域中，而游戏时间供孩子自由选择。在游戏活动前先引导孩子体验在玩中学习探索的快乐，并使孩子在动手操作中培养良好的科学感知，提高观察、思维、想象等能力，促进孩子手脑协调及心智的发展。孩子的思维离不开动作，动手操作是智力的源泉、发展的起点。瑞士教育心理学家皮亚杰的“知识来源于动作”和苏联教育家苏霍姆林斯基说的“儿童的智慧在他手指尖上”道出了动手操作的重要性。而科技小制作就是融知识与技能、奥秘与创造、动手与动脑为一体的孩子感兴趣的操作活动，因材料收集简便，能揭示蕴藏的科学现象与原理，深入浅出，备受孩子青睐。通过在活动前引导孩子想象怎样玩游戏，怎样进行活动分享等一系列环节，让孩子体验生活中的游戏，感悟游戏的发展。让孩子在活动中根据自己的兴趣、需要，以快乐和满足为目的，进行自由选择、自主开展游戏。

二、游戏过程实录

导语：“小朋友，今天你计划好选哪个区域进行游戏活动了吗？”

教师：“请小朋友们自己做好户外区域计划，并把计划用绘画的方式表现出来，入区游戏活动后请个别孩子进行分享。”

慧慧：“我的计划画好了，今天要玩竹蜻蜓。”

教师：“宝贝们选好入区游戏（竹蜻蜓）贴好入区卡并自行选游戏材料。”

我在和小朋友开始游戏前先引导孩子，你们玩过竹蜻蜓吗？在哪玩过？引出主题：这小小的竹蜻蜓有哪些奥秘呢？今天我们共同走近竹蜻蜓。

（一）自主进行竹蜻蜓游戏活动，初步探究

教师：“小朋友，你们看过或玩过竹蜻蜓吗？”

在活动中，孩子对竹蜻蜓是什么展开了热烈的讨论。

孩子：“我好像听过这个名字，但是没有玩过。”

孩子：“它是竹子做的还是木头做的？是不是会飞上天空的那种呀？”

第一次玩

游戏活动开始啦，我们带领孩子来到了户外自主游戏区域，孩子和往常一样，挑选了自己喜欢的竹蜻蜓就和小朋友一起高兴地玩了起来。看到竹蜻蜓不断地向上飞，孩子们向教师提出了一个问题："老师，竹蜻蜓为什么会飞呀？"听到小伙伴提出的问题，孩子纷纷说出了自己的想法。

教师："你们想玩竹蜻蜓吗？"

孩子："想。"

教师："现在我们就来玩一玩。请小朋友们先看试飞比赛要求，谁愿意来试一试？"

孩子："飞吧飞吧，小小竹蜻蜓肯定能飞起来。"

小朋友试玩竹蜻蜓

第二次玩

教师："竹蜻蜓为什么能飞起来？"

祯祯："竹蜻蜓有翅膀，你看它有两个翅膀，有翅膀它就能飞。"

慧慧："竹蜻蜓用手转一下就能飞起来。"

宏志："需要转动很大的力。"

亚文："我的竹蜻蜓就是用我的手转起来的。"

秀秀："因为有风，我的竹蜻蜓飞起来时就是有风，所以就能飞。"

洋洋："就像纸飞机一样，顺着风吹的方向，竹蜻蜓就能飞得更高，没有风竹蜻蜓就掉下来了。"

孩子你一言我一语地积极讨论着，带着疑问，教师带领孩子了解了竹蜻蜓的飞行原理。当竹蜻蜓旋转时，旋转的叶片将空气往下推，形成一股强风，而旁边的空气也给了竹蜻蜓一股向上的升力。当升力比竹蜻蜓本身的重量大时，竹蜻蜓就能飞起来。还通过视频和实物，让孩子了解了竹蜻蜓的构造，竹蜻蜓由两部分组成，一是竹柄，二是翅膀。孩子玩竹蜻蜓时，双手对搓，然后松手，竹蜻蜓就会飞上天空。旋转一会儿后，才会落下来。孩子由此知道了竹蜻蜓飞行的秘密。

慧慧说："我了解到竹蜻蜓是由竹柄还有翅膀组成的。"

宏志说："我知道在玩竹蜻蜓时，用双手搓，然后松手，竹蜻蜓就会飞上天空。"

敏敏说："我知道了竹蜻蜓旋转时，旋转的叶片会将空气往下推，形成一股风，竹蜻蜓就能飞起来。"

第三次玩

教师：竹蜻蜓如何才能飞起来？

试飞的几个小朋友，你们发现竹蜻蜓飞得高、飞得远还和哪些因素有关吗？

下面请大家观察竹蜻蜓的叶片是平的吗？（引导孩子观察竹蜻蜓的叶片形状、薄厚程度以及竹柄的材质。）

观察竹蜻蜓的叶片

教师的思考： 爱玩是孩子的天性，教师满足了孩子玩竹蜻蜓的要求，使孩子亲身体验玩竹蜻蜓的快乐。在玩的过程中竹蜻蜓的起飞引发了孩子的思考——竹蜻蜓为什么会飞起来呢？教师一方面让孩子积极思考，讨论竹蜻蜓飞起来的原因；另一方面也鼓励孩子用上网的方式查找答案，最终，孩子获得了竹蜻蜓起飞的科学经验，也获得更多解决问题的途径。

孩子对于竹蜻蜓的外形特征还不是特别了解，因此在寻找材料时只是简单理解为有翅膀和柄竹蜻蜓就可以飞起来。根据小中大班孩子勇敢尝试的特点，我在游戏中为其提供了不同材料，特别是当孩子想到了竹蜻蜓能飞起来时，激发了所有孩子的兴趣，让孩子亲身体验了双手搓就会飞的竹蜻蜓，这对孩子的操作能力和身体协调能力的发展具有较好的促进作用，还可以锻炼孩子的胆量。

（二）为什么竹蜻蜓飞不起来?

正当孩子们玩得开心又投入的时候，一个难题出现在了他们面前。几个小朋友玩竹蜻蜓时发现，有一些竹蜻蜓无论怎么玩都飞不起来。

教师："宝贝们，怎么了，是遇到什么问题了吗？"

孩子："有几个小朋友的竹蜻蜓怎么也飞不起来。"

教师："那你们有想过解决的办法了吗？"

慧慧："我想了，我尝试了很多办法，用了不同的力气，可竹蜻蜓还是飞不起来。"

教师："那你和别的小朋友讨论过解决的办法了吗？"

慧慧："还没有。"

教师："那你可以尝试和他们去讨论一下，看一下怎么解决这个问题，好吗？"

于是慧慧走过去找了几个好朋友一起想办法。遇到问题时，如果一个人想办法去解决，可能不会成功，孩子的能力有限，想要解决问题，合作就成了必然的结果。这是我给孩子的小提示，我希望他们能从中得到启发。突然，我发现孩子在你一言我一语兴奋地讨论着游戏的不同玩法。这时一位小朋友说："我的竹蜻蜓飞起来了！"所有人都看向她，原来是中一班的珊珊，她说："玩竹蜻蜓时双手要伸直，把竹蜻蜓下面的竹棍夹在双手手心，沿逆时针方向迅速摩擦竹棍，竹蜻蜓就会飞起来。"这很快引发了孩子的兴趣和模仿。

文菁："我的竹蜻蜓材料跟亚文小朋友的一样，都是雪糕棍和筷子制成的，为什么他的能飞，我的就飞不起来呢？"

教师："把你的竹蜻蜓和亚文的竹蜻蜓对比一下，找找哪里不一样怎么样？"

文菁："噢，我知道了，我的竹蜻蜓贴了一层厚厚的双面胶，亚文的没有，所以是双面胶太重，才让竹蜻蜓飞不起来。"

有的孩子的竹蜻蜓第一次试飞虽然失败了，但对于孩子来说已经成功一半，因为他们通过观察与反思发现了问题所在，并积极想办法尝试寻找新玩法。

放飞竹蜻蜓是多么简单而又快乐的游戏，孩子在游戏中学习，在快乐中成长，这就是孩子幸福的童年时光。有些孩子玩了几次，虽然飞得不高，但看到旁边小朋友的竹蜻蜓飞得很高，就去和小伙伴们交换了一下，信心满满地又尝试了一次，这次不仅没飞高，还让竹蜻蜓掉进了草地里，但孩子表现出了良好的合作精神和勇气，即使在比赛中遇到问题，但仍然坚持解决问题。教师及时表扬孩子的表现，鼓励他们继续保持这种精神。教师发现有些孩子在合作方面还存在问题，需要加强合作意识的培养。同时，有些孩子的反应速度较慢，需要加强观察和探索。

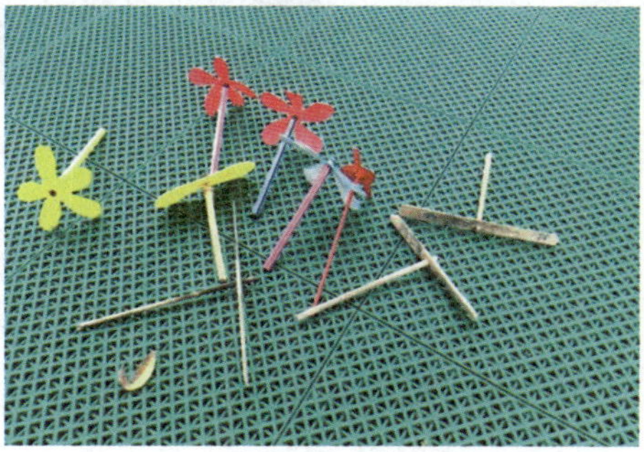

不同材质的竹蜻蜓

不断地探索竹蜻蜓游戏的奥秘

教师的思考： 本次探究活动以孩子的兴趣为动力，引导孩子思考活动中遇到的问题，激发孩子解决问题的内驱力，使孩子在游戏中找出问题，发挥想象力，孩子经过了计划、实施、讨论与想法，最终每个孩子成功放飞了竹蜻蜓。

三、教师小结

深度学习是一种富有体验快乐和探究精神的活动，通过对竹蜻蜓的探索，孩子了解了竹蜻蜓的构造，每一次失败，孩子那能从中寻找原因并分析。有些孩子说："要是竹蜻蜓的柄能长一点就好了。"这是他通过对比、观察、思考总结出来的经验。因此在接下来的游戏中，孩子能去努力并反复进行尝试，在原有经验基础上不断丰富并完善新经验。这样基于自由、自主、自发的学习，孩子才能玩在其中、乐在其中。在本次活动中，教师以运动导入，调动了孩子已有的经验，激发了孩子活动的兴趣。教师通过提供孩子身边熟悉的多种操作材料，使孩子进行操作、观察、猜想，并在思考中体验，获取有关转动的知识经验。在交流中，我采取了自由交流、小组交流、集体交流的形式，让孩子去探索发现。在整个游戏活动中，我把发展孩子的探索精神和创造思维放到了首位。这充分体现了教师的引导作用和孩子的主体作用。教师结合幼儿园活动与民间游戏，挖掘农村资源，与孩子共同制作游戏器材。巧用区域活动器材，让孩子人人参与活动中。民间游戏让我们意识到孩子的发展不仅应是全面化、个性化的，更应是可持续的、终身的。观察、讨论、探索等方法与手段的应用，能让孩子玩得有趣；教师指导方法得体，能让孩子真正地走到台前，在有限的时间内得到长足的发展。民间游戏的器材种类繁多，这样就可以让中班的所有孩子都能玩到器材。孩子在民间活动中能够获得发展的空间，从而进行自由表达和表现。这充分满足了孩子表达和表现的需求，对孩子的全方位发展起着很大的正向作用。活动目标的制定符合孩子特点，活动内容的各环节均指向目标。教师注意选择适当的时机介入，给孩子充足的自我探索和学习的空间，使孩子在活动中获得发自内心的胜任感、自信和满足。活动基本完成了设定的目标，符合本班孩子的发展水平。教师通过仔细观察孩子发展中的个体差异，对活动作出相应的调整，并为孩子给予及时的引导、帮助，以满足孩子的需要。竹蜻蜓活动始终以孩子的自主游戏为主，通过讨论、探索等方法与手段，让孩子在动手中自主获得相关的经验与技能。

整个活动中，教师始终相信孩子，给予孩子充足的思考、讨论和尝试的时间，支持孩子解决问题从而获得成功。活动的最后，孩子对玩竹蜻蜓还意犹未尽，对竹蜻蜓的探究活动依然在继续，我们将不断地追随孩子的脚步、尊重孩子的想法、支持孩子的活动，继续思考如何延续这样的精彩。

（本案例照片由乳源瑶族自治县大桥镇中心幼儿园提供）

蔬果造纸

韶关市武江区新华幼儿园　刘丽君　张丝丝　梁　慧

一、游戏背景

本学期，本班区域是“纸工坊”。在“纸工坊”里，孩子可以围绕“纸”的主题进行各种实践游戏，如造纸、加工纸、制作纸工艺品、印刷等。在某天的区域活动时，在“印刷间”用蔬菜玩拓印的孩子提出：“胡萝卜印画完丢掉是不是很浪费？我们是不是可以给小白兔吃？”问题一出，马上得到了其他小朋友的强烈兴趣，他们纷纷加入话题讨论，有的孩子说可以做成“蔬果干”挂在教室里，有的孩子认为可以将剩下的萝卜榨汁做成染色剂，还有的孩子说可制作做成发酵肥料。基于孩子的浓厚兴趣，为满足孩子的好奇心，教师决定结合本班“纸”的区域主题，开展主题区域活动，帮助孩子在胡萝卜和“纸”之间建立联系，开启蔬果造纸的探究之旅。

二、游戏过程实录

（一）绘本故事《萝卜变变变》

活动开展前，教师通过绘本故事《萝卜变变变》让孩子了解萝卜的种类、营养价值、烹饪方法以及胡萝卜经过不同的方法处理后变成的不同形态，拓展孩子的知识面，也为后续的活动奠定基础。

教师帮孩子拓展知识

教师的思考： 教师利用绘本内容让孩子回忆自己的生活经验，引导孩子思考问题：我们区域里拓印过的胡萝卜是否可以用来造纸？根据教师的问题与孩子的思考，生成一系列探究活动。

（二）胡萝卜能用来造纸吗

本次活动得到了家长们的大力支持，家长带领孩子一起围绕“胡萝卜是否能用来造纸”和“胡萝卜造纸的具体方法”的问题进行查阅。伊一小朋友和家长在网上收集到了用蔬菜水果成功造纸的案例。有了成功的案例，孩子探索的兴趣被大大激发，孩子与同伴讨论用胡萝卜造纸的方法，部分孩子认为可以利用胡萝卜切片装饰造纸，部分孩子认为可以把胡萝卜搅拌成胡萝卜汁造纸，还有个别孩子认为可以直接用胡萝卜泥造纸。根据孩子的讨论的内容，我们决定发挥剩余萝卜的价值，用区域拓印过后的胡萝卜进行切片造纸。

孩子解说造纸方法

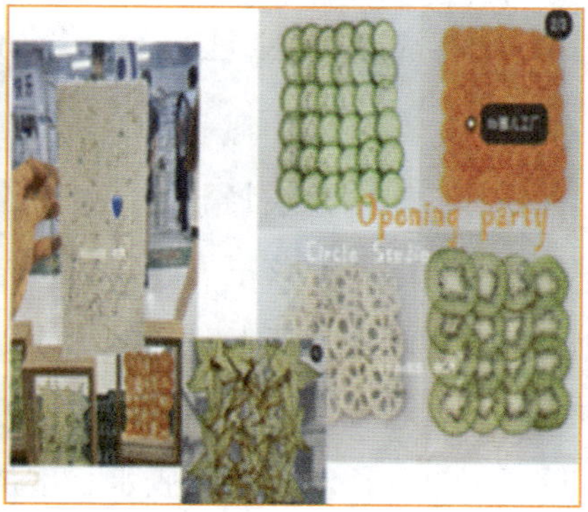

食物切片造纸成品图

教师的思考：活动开始前请孩子与家长通过网络查找、收集资料、问卷记录等方式了解与记录胡萝卜造纸的方法，再回园与同伴讨论，培养孩子自主解决问题的能力，从而提高孩子对活动的参与度与积极性。孩子对胡萝卜造纸有不同的想法，是孩子主动思考的体现。我认为，每一个孩子的奇思妙想都应该得到保护，教师提供材料，和孩子一同寻找答案是教师认可孩子的想法，保护孩子幼小心灵的体现，也是孩子源源不断产生新的思考、新的体会的保障。

（三）胡萝卜片造纸

活动一开始，跃跃欲试的孩子们迫不及待地把切好的胡萝卜片直接倒进纸浆里，一轮搅拌过后将纸抄起来，第一次没有成功，孩子也不放弃，又试了一轮，还是没有成功，第三次、第四次也是同样的结果，直到睿睿说：“胡萝卜不能粘在纸浆上，会掉下来的，所以我们一直不成功。”栩栩听了睿睿的话，又试了一遍，他一边把抄纸框反过来一边说：“是真的，你们看，真的会掉哦。”

孩子制作胡萝卜片纸

胡萝卜不能粘在纸浆上，这可怎么办呢？针对这个问题，孩子展开了新一轮的讨论，栩栩建议把胡萝卜一片一片放上抄好的纸上，欢欢说要把胡萝卜片再切薄一点，慧慧则提议往池子里加胶水，增加水的黏性。孩子把每一个想法都试验了一遍，发现还是栩栩的方法最简单有效。

胡萝卜片纸制作好以后，孩子还不满足，开始设计胡萝卜片摆放的位置和形状，想要胡萝卜片纸做得好看。有的把胡萝卜片排成一列，有的把胡萝卜片摆成小动物的形状。

教师的思考： 第一次失败的经历不但没有让孩子灰心，而是激发了孩子的观察和思考，使其寻找失败的原因，纠正错误做法，于是才有了最终的成功，这大大地建立了孩子对本次活动的自信心。

不难发现，此阶段仍处于本次主题探究活动的初始阶段，孩子还留有之前传统纸浆造纸的思维定式，但也要充分肯定孩子的积极思考和主动尝试，在接下来的活动中，教师要给予孩子更大的支持，帮助孩子开动脑筋，发挥想象，创造出更多可能性。

（四）胡萝卜丝、胡萝卜汁造纸

教师要尊重孩子的学习兴趣，要善于发现孩子感兴趣的事物、游戏和偶发事件中所隐含的教育价值，把握教育的时机，提供适当的引导。根据孩子所提出的要求，教师为孩子提供材料，引导孩子进行探究。孩子在区域活动中尝试利用胡萝卜丝造纸。

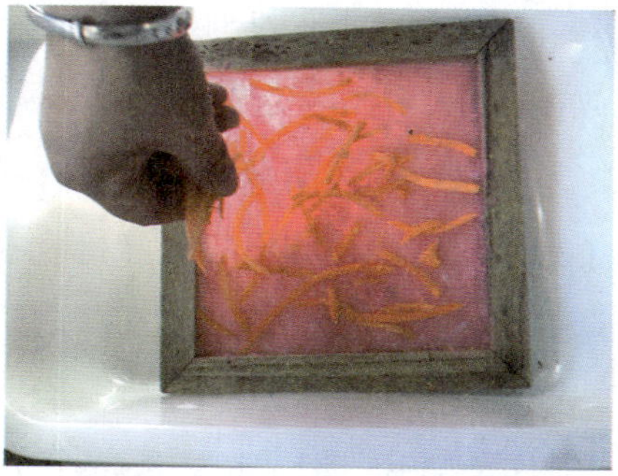

胡萝卜丝纸

有了制作胡萝卜片纸的成功经验之后，孩子的探究兴致愈加浓烈，有孩子提出，绘本里面胡萝卜除了可以切片，好像还可以切丝、榨汁，那我们可不可以用胡萝卜丝来造纸？胡萝卜汁可以吗？淑雅小朋友想要尝试用胡萝卜丝造纸，栩栩想要用胡萝卜汁，而坤坤则想要用胡萝卜泥。

制作胡萝卜丝纸对孩子来说相对简单，只需要把胡萝卜切成细丝，然后摆放在抄好纸上，一起进行晾晒即可。

可是在制作胡萝卜汁纸的时候，孩子明显遇到了困难。教师在区域里提供了如捣浆碗、鹅卵石、果汁机、水果刀等工具供孩子使用，一开始大部分孩子选择捣浆碗来捣碎胡萝卜来获取胡萝卜汁，但不一会儿伊一小朋友就抱怨道：“老师我好累，怎么还是没有胡萝卜汁出来？”博博给伊一支了一着儿：“可以用小刀把胡萝卜剁碎，剁出点汁来。”伊一说：“我妈妈是用机器把胡萝卜打成汁的，还可以用胡萝卜汁做馒头哦！”伊一的话让朵朵深受启发，她立马将胡萝卜切成小块，放入果汁机中搅拌，却发现胡萝卜块很难出汁，而且榨汁机的声音特别响，听着特别难受。第一次榨汁失败了……

第二次尝试时，伊一提议在果汁机里加点清水，朵朵采纳了伊一的提议，把胡萝卜块和清水一起倒入果汁机中，不一会儿一碗胡萝卜汁就榨出来了，孩子们高兴地大叫起来：“哇！成功了，太棒了！”得到了胡萝卜汁的孩子们赶紧把胡萝卜汁倒入造纸池里，进行胡萝卜汁造纸的实验。

教师的思考：本次活动，孩子尝试用胡萝卜丝和胡萝卜汁造纸，并尝试用各种方法榨取胡萝卜汁，第一次尝试因为经验的缺乏宣告失败，值得庆幸的是孩子并没有因此放弃，经过不断调整方法，最终成功地用果汁机榨出了胡萝卜汁。整个过程中充分体现了孩子能动手、动脑探索物体和材料的能力，而且他们都乐在其中，符合《3—6岁儿童学习与发展指南》中4—5岁孩子科学探究领域的喜欢探究，具有初步的探究能力的目标。

（五）蔬果汁造纸

胡萝卜汁纸制作成功后，孩子还是不满足，因为他们发现胡萝卜汁的颜色并不明显，造出来的纸不够好看，他们提出想要用别的蔬菜进行尝试。所以教师又为孩子提供了更多的不同颜色、不同种类的蔬菜与水果，如菠菜、番薯、青瓜、橘子皮、火龙果皮、青椒、洋葱等供孩子尝试。通过已有经验，大部分孩子能自主完成蔬果汁的制作，并利用榨取的蔬果汁进行造纸。

教师提供多种蔬菜

各种蔬菜汁做的纸

洋葱事件

值得一提的是，选取洋葱造纸的孩子在制作洋葱纸的时候，还衍生出了另一个有趣的问题，即孩子发现切洋葱时眼泪一直不停往下流，有些孩子忍不住了跑来向教师求助。教师提议孩子们回家和爸爸妈妈一起寻找答案，第二天把答案带回来分享给大家，看看谁的方法更有效。

第二天，博博小朋友戴着一副墨镜来园，他说："戴着墨镜切洋葱，就不会流眼泪啦。"玥玥带来了透明纸，她把透明纸尝试挡在自己脸上，也能缓解洋葱对眼睛的刺激。小朋友们的方法可真管用呢！

膨胀的柚子皮

教师的目光被一旁的小栎小朋友吸引过去，小栎小朋友往榨汁机里加了一些柚子皮和一杯水，开启榨汁机后不久，榨汁机就停止了运作，小栎往榨汁机里加了第二杯水，榨汁机转动了几下就又停止了，再加第三杯，榨汁机已经无法再水了，这次榨汁机没有停下，一直在转动，直到小栎认为可以了才倒出柚子皮汁，发现柚子皮汁变成了柚子皮泥。虽然榨汁没有成功，但是善良的小栎却拿起了白纸，在纸上画上榨柚子皮汁的注意事项：柚子皮的吸水性很强，要加多一点的水，但是不能超过三杯，不然会变成柚子皮泥。

榨柚子皮汁的注意事项

教师的思考： 洋葱事件和柚子皮事件看似与此次的蔬果造纸无关，却恰恰体现了项目式学习的精神所在，一个个新问题的提出与化解，让孩子的研究兴趣不减反增。整个探究学习的过程都是以孩子为中心，以孩子发现的问题、感兴趣的话题为中心。在整个研究的过程中，教师只是活动的支持者和引导者，孩子才是学习的中心。整个活动让孩子在探究中发现问题，生成问题，解决问题。

（六）蔬果颜色变变变

活动开展到这里，孩子已经不再满足于用胡萝卜造纸了，他们想往造纸池里加更多有趣的东西，造出来的纸变得好看、更好用，甚至更好闻。为了推动此次活动继续发展，也为了满足孩子的兴趣及探究的愿望，教师充分征求孩子的意见，继续为孩子提供丰富的探究材料，他们尝试用各种天然的、安全环保的、不同颜色的蔬果汁进行搭配，调制出多种不同颜色的蔬果汁加进造纸池里，有的利用橘子皮加青菜，有的利用橘子皮加番薯，有的利用各种颜色的彩椒，每一种颜色的蔬果汁都能做出不一样颜色的纸，孩子们玩得不亦乐乎。我们的区域主题活动也变得更加有趣，探究的广度和深度也在逐渐拓展和延展。

制作多彩紫甘蓝纸

神奇的紫甘蓝

睿睿小朋友一大早就来到幼儿园，从书包里拿出一颗紫甘蓝，迫不及待地交到教师手里：“我和妈妈做过神奇的紫甘蓝的小实验，好厉害的，可以变出很多种颜色。”睿睿的话引来同行几个孩子的赞同，表示自己也做过类似的实验，觉得很有趣，希望也能在造纸实验中尝试一下。于是，我们就开展了下面这个活动：

首先，我们将紫甘蓝一片一片剥下来掰碎，用榨汁机榨成紫甘蓝汁，然后将榨好的紫甘蓝汁导入泡有纸浆的造纸池里搅拌。最后再像往常一样，用古法造纸的步骤制作紫甘蓝纸，在这个过程中，孩子发现了经过一段时间后，紫甘蓝造纸池的颜色发生了改变，由原来的紫红色变成了蓝黑色。紫甘蓝汁颜色的变化又激发了孩子的好奇心，想要一探究竟。琪琪说：“是因为紫甘蓝没洗干净，搅拌的时候把脏东西洗出来了，就像洗衣服那样。”洋洋说：“是因为紫甘蓝被我们撕烂了，死掉了就变色了。”辰辰说：“我觉得是因为老师在里面加了色素颜料，所以才变颜色了吧。”

正当小朋友百思不得其解时，睿睿为了验证自己说的是否正确，便继续开展实验。小朋友们找来了很多种不同的液体，有雪碧、白醋、小苏打水和泡泡水（洗衣粉勾兑的水），要拿剩下的紫甘蓝汁做实验。

我们把孩子分成4组，实验开始，4组小朋友同时往自己选择的液体里加入紫甘蓝汁，再搅拌2分钟，结果就出来了，孩子们发现每一组紫甘蓝汁的颜色都不同，有的是玫红色的，有的是深蓝色的，有的是红色的。通过这个实验，孩子明白了，原来是紫甘蓝的叶子里含有一种物质，遇到不同性质的水就会发生不同的反应，使得紫甘蓝汁的颜色发生变化。如果用这个原理来造纸，就能做出很多颜色丰富且环保的纸。

过了几天，孩子想把晒在窗台上的紫甘蓝纸收起来，这个过程中孩子又有新的发现：加了洗衣粉的紫甘蓝汁造出来的纸晒干后就没有颜色了。看来，我们的研究还可以不断地延续下去呢。

晾晒

教师的思考：生活中很多常见的事物往往藏有神奇的魔力，就连紫甘蓝身上居然也有这么多的秘密。本次针对紫甘蓝实验，是孩子探索新发现、掌握新知识的过程，也是教师学习的过程。加入洗衣粉水的紫甘蓝纸颜色消失的情况是教师没有提前预料到的，还是孩子的观察更加细致。这也是项目探究学习的乐趣所在，随着活动的开展和游戏的深入，孩子会发现更多问题。

（七）蔬果餐具

一天的区域活动结束后，孩子都在收拾区域里的物品，这时，一名在收拾抄纸池的孩子一莱发现用碗装起来的纸浆好像一个碗的形状。于是一莱提议：如果我们用晒干的碎纸做一个碗，不知道会不会成功呢？这个主意不错，于是大家赶紧把池子里的果蔬碎纸屑全部收集起来，再拿来一个碗，把果蔬纸屑覆盖在碗的表面，等待晾干。

下午，果蔬纸屑已经干透了，大家开始尝试将纸脱模，一开始还很顺利，到中间的时候，纸碗慢慢开始破碎了，并不能完整地撕下来。看到这里，部分小朋友露出失望的样子，添添嘟囔道："看吧，不行的，纸是做不了碗的。"就在孩子将要放弃之际，教师适时为孩子打气："是的，这次失败了，好可惜。可能是材料没选好，我们再试一次吧。"

第二次，教师拿来了质地相对较软的一次性塑料碗，还是用同样的方法将果蔬纸屑覆盖在一次性塑料碗的表面。这一次，孩子撕得更加小心，越到中间的地方，手上的动作就越轻，生怕会重蹈覆辙。一旁观看的孩子也目不转睛地看着，

制作果蔬纸餐具

最后，在所有人的注视下，一个由果蔬纸屑做成的纸碗就成功地被撕下来了。

区域分享的时候，孩子总结道：第一次失败，是因为用了硬的碗；第二次成功，是因为用了比较软的碗。有了这次的成功经验，在之后的游戏中，孩子还陆续做出了各种餐具，如纸碟、纸碗、纸勺子等。

孩子经过多次尝试终于成功做出一系列餐具。在完成后他们发现纸餐具有些韧性较好，有些韧性没那么好。教师通过引导让孩子知道了不同蔬果的纤维含量不一样，所以造出来的纸质餐具就会韧性不同。

教师的思考：本次活动是由孩子在收区时发现用小碗装起来的纸浆像一个纸碗而引发的，教师引导孩子往自制餐具的方向走，开展了蔬果餐具活动。教师也由此发现，造蔬果纸已经不能满足孩子的研究需要了，孩子把探究的兴趣延伸至了蔬果纸的开发和使用上，这对于本次的主题活动而言，意味着活动已经实现了质的转变，孩子成了研究路线的挖掘者并且真正成为学习的主人。

（八）自制洗手纸

在某天区域游戏结束后，孩子去卫生间洗漱，发现洗手间里的洗手液只剩一瓶了，所有的孩子都挤在一起，共用一瓶洗手液，这样不但效率低还会造成严重的安全事故。茗茗说：“要是每个人都有一瓶洗手液就好了，这样就不用抢了，也不会拥挤了。”听了这话，慧慧说：“可以的呀，我见过那种小小支的洗手液。”“对对对，我也见过，我妈妈会把它放在包包里，放入口袋中的话会鼓鼓的。”栩栩说。受到小朋友的启发，教师问：“能不能将洗手液和纸结合呢？纸很薄，叠起来小小的，放在口袋里很合适。”

经过查阅资料，市面上有一种洗手纸，薄薄一张纸上有清洁成分，既方便携带又能实现人手一份。有了洗手纸，就可以更好地对抗疫情了。于是，中五班的孩子又开始了新的研究——制作洗手纸。

孩子首先拿来了制作好的纸，用滴管吸取洗手液，均匀地涂抹在纸上，再用小夹子夹起来放在窗台上风干晾晒。不一会儿，一张张洗手纸就制作完成了，洗手间瞬间成了最受欢迎的地方，孩子纷纷拿着自制的洗手纸开始洗手。在清水的冲刷下，手上就充满了泡泡，还有淡淡的洗手液的清香，小手马上变干净了呢。

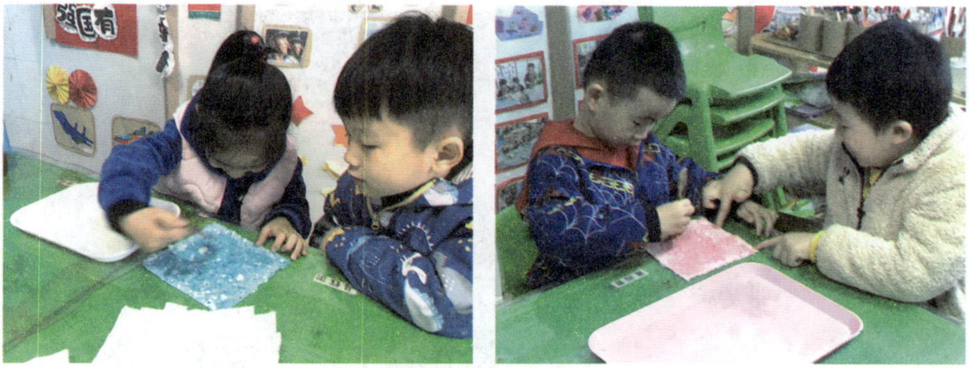

孩子制作洗手纸

晾晒洗手纸

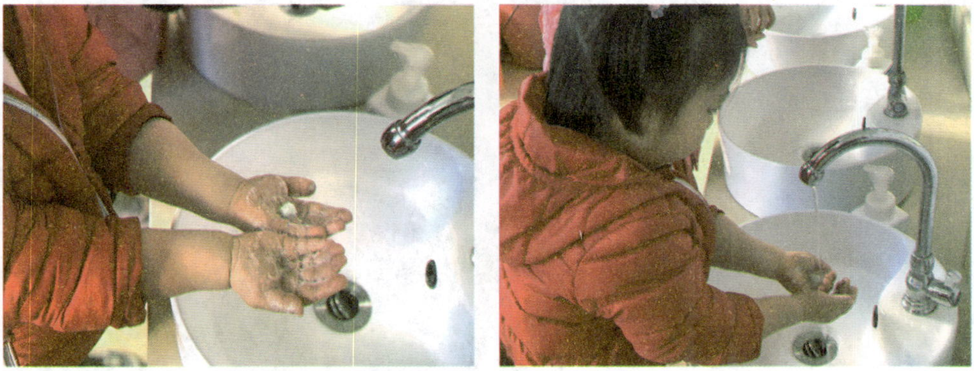

孩子用自己制作的洗手纸洗手

教师的思考： 在此阶段，孩子能够开动脑筋，奇思妙想，想出制作洗手纸的好方法。把区域中制作出来的作品运用到实际的用途中，让区域游戏更有实质性作用。这个时候，教师是孩子的引导者，不断激发孩子的内在潜力，使其探索关于纸的更多奥秘。此次的洗手纸制作活动无疑是成功的。通过此次活动，孩子的动手能力、创造力、逻辑思考能力都得到了大大的提升。

除了纸餐具和洗手纸，孩子还将自己的蔬果纸用在其他地方，如做成各类工艺品，装饰我们的课室，真正成为班级的小主人。

三、教师小结

在“蔬果造纸”一系列主题项目活动中，孩子根据自己的研究对象，不断生成很多有趣的活动，每一件趣事的背后都蕴含着丰富的知识，等着孩子一步一步去挖掘和探索。项目化课程活动带给孩子生活化、生态化的感受。教师要善于发现、抓住孩子的兴趣点，让他们进行学习探索。活动全过程始终坚持以问题为导向，引导孩子深入地学习探究，形

孩子作品的成品展示

成较为完整的研究成果，使孩子的思维、想象、创造、逻辑思维等能力得到了很大的提高。在整个活动中，孩子经历了从胡萝卜片造纸—胡萝卜丝（汁）造纸—蔬果汁造纸—蔬果颜色变变变—神奇的紫甘蓝—蔬果餐具—洗手纸的每一个过程，孩子每一阶段的表现都体现了他们在游戏过程中的学习和发展。

（1）蔬菜造纸区域主题探究活动让孩子不仅认识了各种蔬菜，还让孩子经过了验证、操作、探究等过程，利用废弃蔬果造纸，提高了孩子发现问题、分析问题、解决问题的能力。

（2）此次探究活动是从身边的事物出发而设计的主题，这类综合实践活动的过程既是一种探究过程，也是一种实践过程，更是一种开放性思维的过程，整个活动建立在孩子的自主操作、探索的基础上，使孩子能在玩中学、学中玩。

（3）本次活动既有亲子互动，也有孩子团队合作，融合了多个领域，鼓励孩子积极思考、操作、分享及交流。在接下来的活动中我们会继续研究，朝着研究纸的韧性及制作纸工艺品的方向迈进。

（本案例由韶关市武江区新华幼儿园提供）

薄荷之旅

韶关市武江区新华幼儿园 卢华莹 刘娴 钟琳

一、游戏背景

这学期，我们班的主题区域以“本草工坊”为主题，孩子在游戏过程中发现许多蚊子，有孩子提出：我们能不能用薄荷能不能制作出驱蚊止痒的药物呢？《幼儿园教育指导纲要》指出，要尊重孩子的学习兴趣，要善于发现孩子感兴趣的事物、游戏和偶发事件中所隐含的教育价值，把握教育的时机提供适当的引导。结合孩子的年龄特点及兴趣，我们开启了一场薄荷之旅。

二、游戏过程实录

（一）对薄荷的初体验

活动前，结合家园共育，孩子与家长一起在户外寻找薄荷，以及其他相关的中草药，完成薄荷调查表，并在回园后与同伴一起交流分享自己的发现。在进区过程中，孩子展开了讨论。宁馨：“薄荷的味道闻起来凉凉的。”婧瑜：“薄荷的叶子形状有点像锯齿状一样。”汉堡：“薄荷具有清热解毒的作用。”小彤：“我家种了一些薄荷，我还带来了一些种子。”孩子在幼儿园内也开始寻找薄荷，但是在花池、操场上都看不到薄荷的影子。星堡提出：“那我们自己来种植薄荷吧。”

教师的思考：孩子在参与和薄荷有关的活动过程中，对薄荷有了初步的认识和了解。大自然及周围生活中的各种事物与现象是孩子学习和探索的大课堂，教师要善于发现、抓住孩子们的兴趣点，给其提供学习和探索的机会。根据孩子提出的问题，我们开始了种植薄荷的活动。

薄荷膏的制作：如何提取薄荷精华？

贺贺：“怎样才能把薄荷变成薄荷膏呢？”星堡：“是不是用水煮呢？”光远：“薄荷膏油油的，可能是用油煮的。”小柒：“我跟妈妈看过一个视频，需要橄榄油和薄荷叶，提取其中的精华。”讨论完，汉堡和至沩决定用油跟干薄荷叶一起煮，至沩拿来小锅，将薄荷叶和橄榄油一起倒入锅中，汉堡不停地搅拌，至沩：“好像有股味道，我还听到滋滋的声音。”汉堡：“可能好了，我去拿个过滤袋。”就在汉堡将薄荷油倒入过滤袋时，“啊！过滤袋烂了！”至沩大声说道，“我们的过滤袋被炸开了”。第一次提取薄荷精华失败。

用油煮薄荷

过滤袋被炸开

教师的思考：在薄荷膏的第一次制作中，虽然没有成功提取出薄荷精华，但孩子了解到直接将薄荷叶和橄榄油倒一起加热的方法是不行的，进区结束后，孩子讨论了下次可以尝试使用的提取方法。孩子在探究中能与他人合作与交流，可见孩子具有探究精神。有的孩子提出要用水煮，而有的孩子认为是需要隔水蒸，根据孩子提出的猜想，我为孩子提供了不同的小碟子，供孩子日后的探究。

（二）尝试用水煮、隔水蒸的方法提取薄荷精华

这一次，汉堡和贺贺将薄荷叶直接放入水中煮。贺贺：“怎么感觉味道还是有点怪怪的？”汉堡：“是不是煮的时间不够？”又过了10分钟，汉堡：“啊，怎么是黑色的，而且还一股凉茶味道？”贺贺：“我妈妈外面买的薄荷膏是绿色的，而且有香味，这个怎么那么臭？”汉堡：“那我们试下隔水蒸热吧，我将之前失败的记录下来。”贺贺和汉堡这一次直接倒入薄荷叶隔水煮，水开后颜色变黑并发出草药的味道，这一次的尝试又失败了。很快，汉堡和贺贺采用隔水蒸的方法，将薄荷叶和橄榄油倒入小锅，给小锅盖上盖子，放入大锅中隔水蒸热。贺贺：“我好像闻到了凉凉的薄荷味道。”汉堡：“我也闻到了，应该快好了，我去拿过滤袋。”这一次，贺贺和汉堡成功提取出薄荷精华。

记录下实验过程

教师的思考： 汉堡和贺贺一次次地猜想和验证，得出了提取薄荷精华的经验，《3—6岁儿童学习与发展指南》指出，鼓励孩子学习做简单的计划和记录，并与他人交流分享。在区域小结时，他们将经验结果分享给大家，总结出，提取薄荷精华不能用橄榄油直接煮，也不能用水直接煮，是需要加入橄榄油和薄荷叶通过隔水蒸热的方式提取。薄荷油提取成功，如何将其制成膏状又成了新的问题，在下一次进区活动前，我根据孩子提出的问题开展了集体教学活动，带孩子了解蜂蜡的作用，并在材料区中投放有关计量的物品，如计量秤、量杯、熔蜡机等，支持孩子在游戏过程中的探究。

（三）加多少蜂蜡？

成功提取薄荷精华后，如何将薄荷精华变成膏状呢？在进区前，孩子已了解蜂蜡的作用，进区后，汉堡和贺贺很快找到所需的材料，但在放多少蜂蜡的问题上产生了疑问。至沩找来一个计量秤，提议将数字记录下来。但汉堡和至沩不太会看计量秤，便寻求教师的帮助，我将计量秤的单位以及使用方法教给他们，于是他们便开始了尝试。第一次尝试，孩子加了0. 3克薄荷精华，0. 3克蜂蜡，汉堡将数据记录下来，发现薄荷膏风干后硬硬的，至沩说："可能蜂蜡放多了，我们再试一下。"说着又重新称量薄荷叶，第二次尝试，孩子加了0. 3克的薄荷精华，0. 1克的蜂蜡，汉堡将数据记录下来，薄荷膏风干后，汉堡迫不及待地用手去触摸，发现膏体软软的，"这个摸起来软软的、太油了"。尝试了两次，至沩和汉堡在分享小结中总结道：蜂蜡不能加太多，不然会变成硬硬的，太少的话又会变得软软的不成形。

探究蜂蜡加多少克

教师的思考：在探究加多少蜂蜡的过程中，至沩和汉堡都遇到了困难，由于我的疏忽，在投放材料时没有向孩子介绍计量秤、量杯的使用方法，所以只有小部分孩子使用了计量秤，在活动小结中，我也补教了孩子的使用计量秤方法。至沩和汉堡利用计量秤、记录表征的形式，记录下实验过程，他们已有很强的探究能力，能用简单的记录表来表示简单的数量。他们一次次失败又一次次尝试，但没有一个说要放弃，这种知难而上不气馁的学习品质，让我动容又欣慰。在试错的过程中，汉堡和至沩也总结了经验，为下一次的尝试做了铺垫。

（四）利用计量秤或勺子

由于前两次加蜂蜡的经验，孩子了解到蜂蜡的添加量对于薄荷膏的影响，今天汉堡和贺贺一起继续研究蜂蜡与薄荷精华的比例，而小柒和星堡选择用小勺子测量的方式。贺贺称了0.16克的薄荷精华、0.3克的蜂蜡进行尝试，制作出了两盒薄荷膏，过了一会儿，汉堡说："摸起来感觉刚刚好，跟我奶奶买的一样。"贺贺："我们终于做出薄荷膏了。"另一边小柒和星堡用勺子测量，第一次尝试，2勺薄荷精华，2勺蜂蜡。星堡："啊，蜂蜡感觉有点多了，硬硬的。"小柒："我们试下加1勺蜂蜡吧。"星堡："好，我先记录下来。"第二次尝试，小柒用了2勺薄荷精华，1勺蜂蜡。星堡："我们也做好了，跟汉堡他们对比一下吧。"四人一起交流着，两组做的薄荷膏摸起来感觉刚刚好，既不会太硬也不会太软，他们把成果分享给其他孩子。光远说："怎么我感觉闻起来没什么味道？"

利用计量称

教师的思考：在这次的活动中，小柒和星堡也加入探究蜂蜡的添加量的过程中来，他们选择用小勺子测量的方式，汉堡和贺贺还是选择用计量秤的方式。在一次次发现问题、分析问题、解决问题的过程中，孩子成功完成薄荷膏的制作，最后还将制作的流程图记录下来，但在分享的过程中，有孩子提出了新的问题：做出来的薄荷膏气味不浓郁。大家又纷纷讨论了起来。

（五）薄荷叶、薄荷梗与香味的关系

前期的薄荷膏制作完成，新的问题又出现了：为什么做出来薄荷膏感觉闻起来没什么味儿呢？俊焱找来石臼将薄荷进行研磨。"研磨了一会儿好像香味更浓了。"俊焱研磨后与皓然手上的薄荷进行对比，皓然："我闻一下，嗯，好香哦！"俊焱开心地跟其他小伙伴分享，研磨后的薄荷会散发更香的薄荷味，于是大家都开始用石臼研磨薄荷，韬韬发现石臼不能把薄荷梗弄碎，怎么办呢？这时，他拿来放在角落里的大药碾子，提议："我们试下用药碾子能不能将薄荷梗弄碎。"韬韬跟俊焱一起合作将薄荷放入药碾子中，但尝试了几次，薄荷梗还

利用药碾子磨碎

是不好弄碎，俊焱：“我们可以用剪刀将薄荷梗剪短。”韬韬：“那好吧，只能这样了。”韬韬和俊焱跟小伙伴们分工合作，先用剪刀将薄荷叶与薄荷梗剪开，再将薄荷叶用药碾子或者石臼研磨。赞伟：“剩下的薄荷梗可以拿来做什么？”小柒：“薄荷梗也有香味，可以拿去做香包啊。”

教师的思考：在活动开始前，我投放了陶瓷碾药碗、石臼、药碾子等工具，并一一向孩子介绍其作用。在活动过程中，孩子发现经过碾压的薄荷香味会更浓郁，但薄荷梗不好碾压，于是选择用剪刀剪的方式，先将薄荷叶与薄荷梗剪开，再利用药碾子、石臼等工具来研磨薄荷叶，而剪下的薄荷梗可以拿去作香包的材料。孩子在活动过程中，通过一次次探究，找出薄荷香味的关系，能够延伸出将薄荷梗作为制作香包的材料的想法。

（六）如何筛出最细的薄荷粉末

经过上次的研磨孩子发现，研磨得越细的薄荷散发出的香味就越浓。今天在进区活动中，彤彤、贺贺、星堡在材料区中找到了筛子，他们发现，筛孔的大小是不同的，他们各自选了不同型号的筛子进行筛粉。彤彤：“我筛的好像比你的细。”星堡：“是吗，我看看。”贺贺：“因为，孔的大小不一样，所以我们筛出来的薄荷才不一样。”彤彤：“我的筛子洞洞太小了，都不好筛。”星堡：“我的筛子洞洞比较大。”贺贺：“那我们可以大的筛完再筛小的吧。”于是3人根据筛孔的大小按顺序来筛薄荷粉末。星堡：“这次是干的薄荷，新鲜的薄荷怎么办呢？”

对比筛出来的薄荷粉末

教师的思考：在今天的活动前，我为孩子提供了大小型号不一的筛子，孩子在进区过程中很快就发现了筛子，并能够仔细观察筛子的大小。《3—6岁儿童学习与发展指南》中指出，引导孩子感知和理解事物“量”的特征，如感知常见事物的大小、多少、高矮、粗细等量的特征。孩子在使用筛子的过程中，通过对比发现，能够明显感知筛孔的大小以及研磨出的薄荷粉末的粗细的不同，具有很强的观察能力，能够感知“量”的特征。在研磨过程中，孩子又产生新的问题：新鲜的薄荷也可以研磨吗？新鲜的薄荷能不能用于制作薄荷膏呢？针对孩子的问题，我结合孩子之前种植的薄荷，为孩子提供了新鲜的薄荷材料。

（七）新鲜薄荷能不能制作薄荷膏？

在之前的种植薄荷、分享薄荷的活动中，孩子带了许多薄荷回来，在今天的进区活动中，孩子采摘了新鲜薄荷，新鲜薄荷同样也有薄荷的香味，有的孩子利用药碾轧薄荷，有的孩子利用石臼捶薄荷，子甜：“我发现新鲜薄荷不能研磨成粉状。”至沩：“我捶了好久，发现薄荷叶出了点儿汁，味道也是香香的。”

捣薄荷

子甜：“我们试试能不能将它做成薄荷膏。”孩子于是采用干薄荷的制作方式用新鲜薄荷来制作薄荷膏，很快用新鲜薄荷叶研制的薄荷膏就完成了。小馨：“我觉得新鲜薄荷的薄荷膏颜色比干薄荷的薄荷膏淡。”至沩：“还有，你们闻一闻，感觉味道也有点淡。”馨月：“我还是比较喜欢干薄荷制作的薄荷膏，味道浓郁一点。”子甜：“我们可以将新鲜薄荷拿出来晒，使它们变成干薄荷。”

教师的思考：根据孩子提出的问题，我为孩子提供了新鲜的薄荷，孩子在实验的过程中进行了对比，发现还是干薄荷的味道比较浓郁，颜色比较深，更喜欢干薄荷制作的薄荷膏，随着孩子对薄荷膏研究的深入，我问孩子：“薄荷还可以做什么呢？薄荷膏中还可以加入其他东西吗？”有孩子提出艾草也是驱蚊的草药，能不能在薄荷膏中加入艾草呢？也有孩子提出：花露水也是驱蚊的，我们能不能自己尝试制作花露水呢？随着新点子的提出，孩子又开启了新的探索之旅。在下一次的活动中，我为孩子新增加了艾草、金银花、酒精、密封瓶子等材料。

（八）可以加入其他中草药吗？

今天的探究是制作艾草薄荷膏，一开始，贺贺对比了两种草药的香味，发现艾草和薄荷都有淡淡的香味，但是它们的味道是不一样的，沛沛找来小锅向至沩要了两勺薄荷粉末和捶打过的艾草混合在一起，按照之前的制作方法进行尝试，而贺贺在一旁负责记录。收区前，他们完成了艾草薄荷膏的制作，拿出之前的薄荷膏进行对比发现："加了艾草的薄荷膏好像会有点淡淡的艾草香味。"贺贺："而且颜色更深了，这样蚊子就会更加害怕了，我们将记录分享给大家吧。"

艾草薄荷膏成品

教师的思考： 新材料的投入激发了孩子的探究欲望，使孩子积极地参与探究当中。孩子已有之前制作薄荷膏的经验，所以在本次探究艾草薄荷膏的活动中，他们按照原有的知识经验进行了探究操作，能够与同伴分工合作，进行记录表征。得出了新的成品——艾草薄荷膏，这也激发他们下一步做花露水的探究。

（九）花露水的制作

1. 如何制作?

孩子通过收集资料了解到，花露水需要酒精、金银花、新鲜薄荷叶。扬燊和培睿根据视频的制作流程进行操作，将花露水和金银花倒入玻璃瓶中，再倒入2瓶酒精浸泡7天。之后扬燊将泡好的花露水进行装瓶，发现瓶子里会有一些杂质，子甜在材料区中找到纱布："可以用纱布过滤。"三人一起将纱布包住杯口，过滤出花露水。培睿闻到花露水有浓浓的酒精味，说："我感觉酒精好像有点多了。"

过 滤

教师的思考： 根据孩子的需要，在活动中我新增了酒精、金银花、新鲜薄荷叶供孩子探究。花露水的制作需要浸泡一段时间，在这段时间内，又有其他孩子参与活动中来，最后装瓶时，培睿发现薄荷花露水的酒精味过于大了，孩子针对发现的问题，展开了关于花露水浓度的探讨，如是否要加水呢？加多少水合适呢？教师依此为下一次的活动提供了量杯、小勺子等材料。

2. 花露水浓度

本次探究的主题是：薄荷花露水加多少水合适？贺贺用量杯量了10刻度的酒精，剩下就在瓶子里倒入水，闻了闻，发现水过多将花露水的味道都冲淡了，又继续进行尝试。从10刻度的酒精容量到20、40、60、80、100，瑾怀发现，加了太多水会使花露水的效果不佳，涂上手起不到止痒作用，加入太少水，或者不加水，就会变成全是酒精的味道，贺贺："我觉得加入60刻度的酒精的花露水味道比较好。"

进行对比

教师的思考：在大家的探索下，孩子做出了不同浓度的花露水，同时，孩子对量杯中数的刻度又有了进一步认识，不仅科学探究能力有所提高，数学认知能力也得到了发展。从薄荷膏到薄荷花露水的制作，孩子一步步发现问题、分析问题；在失败中一次次尝试并解决问题，引出了一系列有关薄荷的探究活动。薄荷还可以做什么呢？由于天气比较干燥，孩子嘴唇会起皮，有孩子提出，我们能不能做薄荷唇膏呢？用新鲜薄荷和干薄荷做的唇膏会有什么不一样呢？

（十）薄荷大作用—：薄荷唇膏的制作

1. 利用新鲜薄荷叶制作

有了之前做薄荷膏的经验，孩子选用了新鲜薄荷叶进行尝试，至沩在捣薄荷叶的同时叫来了许多小伙伴一起帮忙，至沩："大家把薄荷叶像我这样用力捣，就会榨出一些薄荷汁来，我们把它跟橄榄油一起隔水蒸。"星堡："那薄荷的梗要不要呢？"至沩："要吧，都可以捣出薄荷汁。"大家分工有序，将捣碎的薄荷与橄榄油一起隔水蒸，提取出精华，由于油水分离需要一定的时间，第二天至沩和星堡继续完成油水分离的任务，最后加入蜂蜡进行装瓶。在区域小结时，至沩和星堡展示了制作好的薄荷唇膏，它颜色淡淡的，涂起来润润的，有孩子提出，干薄荷是不是也能制作薄荷唇膏呢？

油水分离

教师的思考： 孩子利用新鲜薄荷制作出薄荷唇膏，又生成了新的问题，针对其他孩子提出的问题，我组织孩子回去查找有关唇膏的资料以及薄荷膏的制作过程。可以看出，至沩和星堡具有很强的社会交往能力，能够组织其他孩子加入自己的游戏中。《3—6岁儿童学习与发展指南》科学指出，5—6岁孩子对自己感兴趣的问题盘根问底，能经常动手动脑寻找问题的答案。至沩和星堡具有很强的探索能力，能根据已有制作薄荷膏的经验来制作薄荷唇膏，当其他 孩子提出问题时，会寻找视频资料，开始计划下一次的制作。

2. 利用干薄荷叶制作

这次，贺贺和韬韬打算利用干薄荷制作薄荷唇膏，他们的活动吸引了许多新伙伴的加入。贺贺量取了一勺薄荷粉末、一勺橄榄油，隔水蒸热提取后，发现做出来的成品太少了，于是，他们又进行了第二次制作。在第二次制作时，贺贺吸取第一次的经验，量了三勺的薄荷粉末、三勺橄榄油，成功提取出精华，但由于时间有限，还剩加蜂蜡装瓶的环节没来得及做，于是大家先把过程记录下来。第二天，星堡带着新朋友伟博加入了活动，伟博：“这个怎么做呢？”星堡：“这是我们昨天提取出的薄荷精华，今天要加蜂蜡然后装瓶凝固就完成了。”伟博：“我可以跟你一起做吗？”“可以啊。”星堡带着伟博一起将后面的步骤完成，成功用干薄荷制作出了薄荷唇膏。小结时，两个孩子一起将制

干薄荷制作的薄荷唇膏

作好的成品分享给大家，并拿出了之前新鲜薄荷做的薄荷膏进行对比。梦怡："我喜欢新鲜薄荷制作的薄荷唇膏。"至沩："我喜欢干薄荷制作的，因为香味比较浓。"宁馨："我喜欢新鲜薄荷制作的，因为颜色淡淡的。"筱彤："我喜欢干薄荷制作的，因为颜色比较深，味道很好闻。"

教师的思考：《3—6岁儿童学习与发展指南》中指出，5—6岁孩子应对自己感兴趣的问题盘根问底，能经常动手动脑寻找问题的答案。在这个活动中，孩子第一次制作时，对最初的设想进行了尝试，当不成功后，又去寻找合适的材料来改进。孩子能通过视频进行模仿、学习，其用薄荷制作薄荷膏的过程就是经验提升的过程。

3. 加入维生素E胶囊

通过与前面制作的薄荷唇膏进行对比，有孩子提出："这样的做法，不就是和薄荷膏一样吗？"针对孩子提出的疑问，我们找到有关薄荷唇膏的视频，孩子根据视频了解到唇膏的制作可以加入维生素E胶囊，这样能起到比较好的修复效果，同时还可以改善嘴唇干燥。在今天的活动中，我们为孩子提供了维生素E胶囊。贺贺说："我之前唇炎就涂过这种维生素E胶囊。"滔滔："那我们今天一起制作新的薄荷唇膏吧。"中班的馨月、小婷两个小朋友看见了也要加入制作中。由于前两天剩下一些干薄荷和新鲜薄荷的薄荷精华，滔滔将两种精华加到一起，待融化后，商量着加多少维生素E胶囊合适。滔滔："要不要加3颗？"馨月："会不会太多啦？"贺贺："我觉得加一颗就够了，今天的精华只有一勺，所以不用太多。""好吧。"大家将维生素E胶囊加入锅中，最后完成了一支薄荷唇膏，在小结分享时孩子和大家分享了制作过程，还进行了三种薄荷唇膏的对比，为了更好地区分不同薄荷唇膏，大家决定下次要给唇膏设计标签。

教师的思考：在共享主题区域中，有一直坚持在探究的孩子，也有不断加入探究的孩子，孩子在一次次尝试和失败中进行总结、改善，最后获得成功，这就是我们所期待的教育。在孩子提出问题时，我们要做的是给孩子提供所需的材料。作为一名幼儿教师，我认为一定要能沉住气，学会等待，不能急于求成，要用发展的眼光看待孩子，看懂孩子，支持孩子，静待花开。

（十一）薄荷大作用二：薄荷茶的制作

1. 直接煮

植物角种植的薄荷越来越茂盛，随着我的提问："薄荷还可以做什么呢？"孩子纷纷加入讨论："可以做薄荷糖。""可以做薄荷茶吗？""我的唇膏有薄荷味的，能不能做成薄荷唇膏呢？"孩子们想探究的东西太多了，在大家的投票下，分成了几个小组，有制作薄荷茶小组，有制作薄荷糖小组，还有制作薄荷唇膏小组。薄荷茶怎么做呢？筱桐说："直接洗干净拿去煮呗。"大家分工行动，有的负责采摘，有的负责清洗，有的负责烧水，刚放下薄荷叶时，水是淡淡的黄色，煮开后颜色越来越浓。很快，薄荷茶煮好，大家都争先恐后地品尝味道。婧瑜："我怎么感觉味道有点酸酸的？""我觉得味道像青菜一样。""味道不好喝，我喝过茶叶，味道好像不是这样的。"直接用水煮的方式，让大家都觉得薄荷茶不好喝，区域小结时，筱桐跟大家分享，并将这一次的制作过程记录了下来。

观察薄荷茶的颜色

教师的思考： 教师的提问激发了孩子的探究欲望，引出了越来越多有关薄荷的制品，在本次的薄荷茶制作中，孩子提出用水直接煮的形式制作薄荷茶，但实验结果让孩子并不满意。活动结束后，我们查找了薄荷茶叶的制作过程，孩子了解到，薄荷茶叶是需要用热水煮一下，再拿去太阳下晾晒，最后再炒干水分才算制作完成。吸取了第一次的经验，孩子开始第二次的探索。

2. 炒茶

有了上次煮茶的经验，我为孩子提供了更多的工具选择，筱桐清洗完薄荷叶，然后用烧好的水煮了一下薄荷叶，贺贺捞出薄荷叶拿去太阳底下晾晒。第二天，筱桐拿出炒锅，将晾晒好的薄荷叶拿去炒茶，很快，浓浓的香味飘满了课室。小柒：“好香啊！”子恬：“比上次直接用水煮还香。”筱桐：“我给你们闻一闻。”韬韬：“好像我家卖的茶叶哦。”筱桐：“这个味道比上次做的薄荷茶好闻多了。”这次炒的薄荷茶孩子很满意筱桐将制作过程记录下来，带着其他小伙伴做了更多的薄荷茶叶。

炒茶

教师的思考：制作薄荷茶小组的孩子从直接煮到用锅来炒茶的过程，是一次次探究实验的过程。在活动中我不仅提供不同的工具给孩子自主探究，而且通过查找相关资料，播放视频，让孩子了解到薄荷茶叶的制作过程，提升孩子的经验，为孩子的探究奠定基础。

（十二）薄荷大作用三：薄荷糖的制作

第一次尝试

薄荷糖小组也开始了探索之旅。活动前，我通过查找有关薄荷糖制作的视频供孩子观看，使孩子了解薄荷糖制作需要的材料，为孩子提供了破壁机、纱布、炒锅、硅胶勺子等工具，婧瑜和至沩忙碌起来。至沩：“要倒多少糖呢？”婧瑜：“先倒一点点吧。”过了一会儿，子恬：“怎么还是像水一样？”婧瑜：“可能糖不够，加多一点吧。”又过了一会儿，至沩：“我觉得可以了，我们倒入模具吧。”“啊！怎么变成这样了！”在倒入模具的过程中，至沩发现薄荷糖凝固，倒不出。

教师的思考：在第一次的制作实验中，孩子用了白砂糖、薄荷等原材料，发现最后的薄荷糖冷却后很快凝固，倒不出，这是为什么呢？在分享小结时，婧瑜请大家帮忙想办法，有孩子提出，是不是煮的时间不够？有孩子提出是不是糖太多啦？我通过视频的分享，使孩子掌握观察糖是否熬制好的小技巧：用筷子蘸点糖浆放在冷水里，如果结块就是好了。薄荷糖小组的孩子决定第二天继续尝试。

第二次尝试

薄荷糖小组的孩子今天继续尝试薄荷糖的制作，材料和制作流程跟第一次一样，但在判断熬糖的过程中，孩子使用了不一样的方法。彤彤拿来一杯冷水，一根筷子，用筷子蘸了点糖浆，放入冷水，发现没有结块，说："应该还没熬制好，都没有结块。"婧瑜："那我们再熬多一会儿吧。"过了一会儿，彤彤继续用筷子尝试，这次是拉丝的，婧瑜说："还是不行，再熬制一会吧。"又过了一段时间，彤彤再次尝试，筷子上的糖浆结块了，婧瑜开心地说："可以了！可以了！我们赶紧把糖倒入模具中。"可在倒入模具的过程中，糖又发生了变化，变成了小颗粒的砂糖。"为什么糖还是不成形呢？""怎么还起砂了？"

教师的思考： 在熬糖过程中，孩子还是选用了同样的材料进行制作，在熬糖的时间长短上，彤彤用筷子蘸糖的方法来检测糖浆的熬制程度，孩子将学到的经验运用到实践中，虽然最后的薄荷糖还是不成形，但孩子在制作薄荷糖的过程中，经验进一步丰富。在区域结束后，我请孩子回家探寻是不是材料的原因，并将所选的材料带回园分享。

第三次尝试

今天区域活动前，筱彤带来了新的材料——麦芽糖，她通过与妈妈一起查找资料，了解到薄荷糖的制作需要放麦芽糖，而孩子之前两次的尝试都没加麦芽糖，今天决定加入一些试试。随着薄荷糖探究的深入，越来越多小伙伴加入探索中，彤彤："麦芽糖加多少呢？"婧瑜："刚刚加了好多糖了，我们先加一点点试试。"筱彤："麦芽糖可以起凝固作用，可以加多一点，但是好难拿出来。"斯远："可以用筷子拉出来试试。"经过熬制，大家将薄荷糖浆倒入模具中，待冷却后拿出，薄荷糖终于成功定型。大家拿出之前失败的薄荷糖做对比，感到非常自豪。

脱模对比

教师的思考： 经过一次次地发现问题、分析问题、解决问题，孩子终于做出可以定型的薄荷糖，在这个过程中有不断加入的新游戏伙伴，也有一直坚持研究的孩子，可以看出，共享主题区域可以帮助不同年龄段的孩子针对某一问题进行持续探究。孩子通过小小的一个薄荷话题，延伸到最后薄荷的各种大制作活动。在这过程中，孩子的思维、想象、创造、逻辑思维等能力得到了很大的提高，养成良好的学习和生活习惯，培养了不畏困难、敢于挑战的优良品质。

三、教师小结

通过共享主题区域游戏中的活动探究，孩子在参与和薄荷有关的一系列活动的过程中，对薄荷有了初步的认识和了解。大自然及周围生活中的各种事物与现象是孩子学习和探索的大课堂，教师要善于发现、抓住孩子的兴趣点，让他们进行学习和探索。教师引导孩子从种植薄荷开始，了解薄荷的各种作用、功效，通过各种实践从中学习和掌握相关知识和技能。活动全过程始终坚持以问题为导向，使孩子深入地进行学习探究，形成较为完整的研究成果，孩子的思维、想象、创造、逻辑思维等能力也得到了很大的提高，养成了良好的学习和生活习惯。

（1）在整个游戏过程中，我们清晰地看到孩子的发展历程：从种植薄荷，到探究制作薄荷膏、花露水、薄荷唇膏、薄荷茶、薄荷糖，孩子的活动不断深入。孩子每一阶段的表现都体现了他们在游戏过程中的学习和发展。

（2）尊重孩子深度学习探究的兴趣和需要，将STEM教育理念融入孩子学习实践活动当中。例如，活动中孩子对薄荷膏的观察探究，就是孩子对科学知识的学习和积累过程，对花露水浓度的配比等过程，也涉及很多知识和技能。

（3）教师成为孩子学习实践的支持者和参与者。在整个实践的区域游戏中，教师以一个课程参与者的身份与孩子一起进行学习和探究，坚持以孩子为中心，尊重孩子的学习和成长规律，创设良好的学习和实践的环境，为孩子搭建深度学习探究的平台，给予孩子全方位的支持，促进了孩子的全面发展。

（本案例照片由韶关市武江区新华幼儿园提供）

远航畅想记

韶关市武江区韶新幼儿园　王丽丹　钟家琪　罗　丽

一、游戏背景

在一次区域活动中孩子们在美工区折纸船，孩子看着自己亲手折的纸船感到十分自豪和开心，并在纸船上画上了好看的图案，这时欧力仁小朋友问道：“老师，我们可以去水池举行纸船比赛吗？看看谁的船最厉害！”“可以呀，你这个想法真棒！”

折纸船

于是孩子们纷纷拿着自己的小纸船来到户外水池边，期待着比赛的开始。比赛开始啦，孩子们把小纸船放入水池中，可是他们发现小纸船放下水后总是停靠在水池边不会漂走，有些小纸船还侧翻进水了。于是孩子们展开了讨论。浩宇说：“我们不能用纸做船，纸碰到水后会湿掉的。”天渝说：“我们要用防水的材料做船才行，好想做一艘能漂得很远的船啊。”见孩子对船如此感兴趣，教师便让孩子分享自己的想法，感兴趣的孩子自主报名，成立了“造船小分队”，一起讨论造船计划，开启了“远航畅想记”的探索之旅，孩子的造船之旅也正式开始。

二、游戏过程实录

第一次探究：小纸船比赛

问题：谁折的小纸船能漂得最远赢得比赛呢?

孩子们拿着自己折的小纸船来到水池边，我们的比赛开始啦!

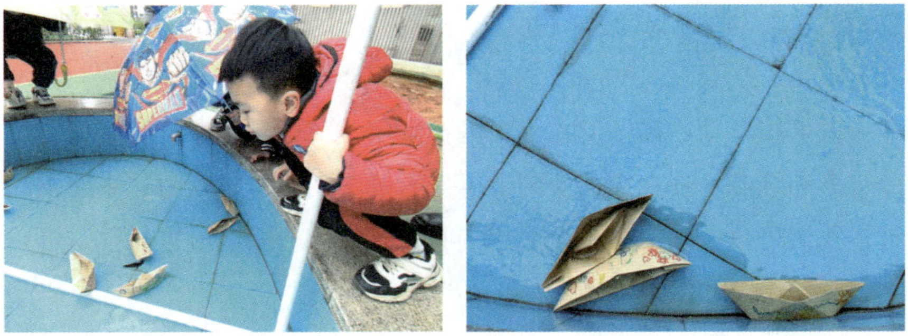

纸船比赛

浩宇：“老师快看，我给我的小船吹吹气，它就能漂得更远些!”

明楚：“雨璇，我们要把船放水池外面一些，放在水池靠边的话小船不会漂哦!”

孩子们发现小纸船放下水后，总是停靠在水池边不会漂走，有些小纸船还侧翻进水了，有的纸船侧翻后泡在水里，船身的画都模糊了。

教师的思考： 孩子对自己折的小纸船感到十分自豪和开心，询问我能否带着小纸船去水池进行比赛，看看谁折的小纸船最厉害，我当即肯定了他们的想法，带着他们来到水池分组进行小纸船比赛。在比赛的过程中，孩子们发现很多小纸船的问题。例如，小纸船放入水池后总是停靠在水池边不会漂走，有些小纸船还侧翻进水了，小纸船船身的画泡水后会模糊等。针对这一系列发现，孩子们展开了讨论，有的孩子说：“不能用纸做船，因为纸碰到水就会湿掉。”有的孩子说：“要用防水的材料做船才行。”也有孩子说：“真想做一艘能漂得很远的船。”

第二次探究：船的初探秘

我创设了讨论的机会，孩子进一步开展了造船计划。

活动开始，孩子先在图纸上设计了自己要做的船。因为孩子对船的外形的构思非常丰富，但对船的内在的构造知之甚少，所以我将孩子对船内在构造方面的疑惑和问题记录下来，让各个小组按部就班地探索构思自己的设计图。

问题1：小朋友们，你们都见过哪些船？

问题2：你们知道船的基本构造吗？

问题3：我们的船应该是什么样子的？

孩子根据以上问题分组用平板电脑展开搜索，搜索后进行分享，在信息技术的帮助下，孩子知道了船由船壳、船体、骨架、船舱、上层建筑、船帆五大部分组成。

岚岚：“我见过帆船还有轮船，是妈妈带我去海边旅游的时候看到的。”

城城：“我见过渔船，是用竹子做的，有叔叔站在上面打鱼。”

力力：“船头要高一点，显得雄伟壮观。”

岚岚：“我想给小船做围栏，防止船沉下去。”

艳艳：“我喜欢铺着蓝色坐垫的公主船。”

佑佑：“我想做一艘底部平稳、结实的船，这样更安全。”

孩子都开始设计自己想做的船，并展示了自己设计的船，都感觉自己设计得很漂亮。于是我给孩子布置了一个小任务，回家后和爸爸妈妈一起动手做一艘自己设计的船。

教师的思考： 在这一环节，我将游戏与孩子的生活经验相结合，孩子的学习既是个人行为，也是集体努力。教师应引导孩子协调个人和集体之间的冲突，并寻求两者共融相洽的空间，合作是永远的主题，教师没有直接告诉和替代解决，而是从旁引导孩子，通过让孩子利用信息技术设备自主探索船的结构启发孩子自己去获取认识。并让孩子想一想、说一说在生活中都见过哪些船，这些船都有哪些共同的特点。通过查阅资料和观看视频，孩子知道了船由船壳、船体、骨架、船舱、上层建筑、船帆五大部分组成，为孩子的造船行动奠定了基础。

第三次探究：我设计的船

孩子根据自己的设计，回家中与爸爸妈妈一起利用信息技术设备（手机、平板、计算机等）搜索制作船的材料（废旧材料）进行造船，完成制作后把船带回班中与小朋友一起分享自己和爸爸妈妈制作了一艘什么样的船，以及自己的船有什么功能。

问题1：你想设计一艘什么样的船？

杰杰：“我设计的是坦克船，上面有发射导弹的装置，可以保护我们的国家。”

桐桐：“我设计的是双层轮船，上面挂着很多救生圈，可以开着它出海旅行，海上如果有人遇到危险我的船可以去救他们哦！”

恩恩：“我设计的是‘海鸟号’，可以潜入海底，探寻海底秘密。”

宸宸：“我设计的是五彩轮船，上面要插上中国国旗。”

问题2：你和爸爸妈妈一起做了一艘什么样的船？

浩宇：“快看我和爸爸一起完成的‘韶新号’，上面安装了船舵还插着中国国旗。”

雨辰：“这是我和爸爸一起完成的简易小帆船。”

恩恩：“这是我和爸爸一起做的轮船，船壳是用易拉罐和纸皮做的，多神气呀！”

雨璇：“这是我和妈妈一起做的小船，我们还在后面装了一个螺旋桨，在水里小船就能加速往前开了。”

问题3：第二次小船比赛会是谁是冠军呢？

小朋友们拿着自己制作的小船开始了精彩的比赛，比赛过程中孩子的兴趣极高，比赛非常激烈。

第一组：比赛的获胜者是乐乐小朋友，他的彩虹帆船遥遥领先。

第二组：比赛的获胜者是宸宸小朋友，他的小船两侧装有螺旋桨，在水里可以加速向前。

赛 船

第三组：比赛的获胜者是浩宇小朋友，他和爸爸一起做的“韶新号”实在是太气派啦！

教师的思考：在信息技术设备的帮助下，孩子探究了船的基本构造，将自己构思设计的船画在了纸上。孩子的想象力丰富，设计了许多既具有功能性又有个性造型的船。为了更好地实现家园共育，让家长参与孩子的游戏和生活，我们决定让孩子和爸爸妈妈一起结合信息技术去了解船的结构、造型，合作完成一艘船，乐享亲子时光。事实证明家长们都非常给力，带回来的作品造型十分精美，于是我们进行了第二次比赛，比赛过程中孩子热情满满，十分高兴。

第四次探究：制作船

小船比赛后孩子们发现小船需要借助一下电子配件才能划动起来，于是便突发奇想能不能做一艘可以载人的小船，孩子根据突发的想法提出了几个问题并分组寻找解决方法。

问题1：我们可以自己造一艘船吗？我们用什么材料来造船呢？

岚岚：“我选择KT板做造船材料，因为它可以防水还很轻便。”

艳艳：“我选择木头做造船材料，因为我见过木头做的船。”

明楚：“我选择塑料瓶做造船材料，因为塑料瓶可以浮在水面上而且幼儿园有很多塑料瓶。”

致远：“我选择铁做造船材料，因为我见过的轮船就是这样的。”

1. 可以造船的材料

在前期讨论中，浩宇提出了造船的材料问题，教师就让孩子推荐自己认为有用的材料。大家你一言、我一语，说出了木头、矿泉水瓶、泡沫等材料，孩子约好分头收集材料，他们从幼儿园里找到了自己认为适合造船的材料，有的也从家里带来木头、纸壳、轮胎、竹竿、树枝、矿泉水瓶、泡沫、PVC管等材料，这些造船材料到底是否适用，还有待检验。船在水里航行，一定要浮起来才行，如果沉下去，那就是很严重的安全事故。那这些材料到底适不适合呢？于是大家决定一起到大水池开启验证探究。孩子将选择的各种材料放入水池中，一一试验其沉浮特点、防水性等。

2. 沉与浮的猜测与验证

先猜想：

关于重量："木头太重了会沉下去。"

关于材质："轮胎漂不起来。""泡沫泡水会碎掉。""塑料筐会漏水。"

关于大小："小的矿泉水瓶最容易漂起来吧……"

再验证：

杰杰："木头是可以漂起来的，不过用木头做船太难了。"

诗语："水池浮力太小了，轮胎沉下去了。"

浩宇："泡沫泡水虽然没有碎掉，但还不够结实。"

思妍："塑料盆空间太小，坐上去会翻掉。"

明楚："我认为塑料瓶的浮力最好了，我们一起用瓶子做船吧？"

大家一致同意明楚的想法。

问题2：怎么把造船材料组合在一起呢？

孩子在制作小船过程中，胶枪的胶在废旧瓶子上因孩子力气不够导致粘好的胶会脱落，孩子想把船翻过去，可是船在搬动的过程中，瓶子掉的掉、打转儿的打转儿，胶带你粘我，我粘你，很快乱成一团，于是我组织孩子分组讨论怎么做瓶子才不会掉。经过商量孩子决定用胶枪和透明胶将造船材料粘贴加固。挑选两个人负责举起船底，一个人负责缠绕胶带，另一个人负责拍打胶带使其粘得更牢固。小船制作完成后，孩子都怀着迫不及待的心情想马上把小船放到水池里。当放进水池后，划船的效果却没有预期的好，于是我鼓励孩子一起想想"为什么小船会进水呢？""小船为什么划不动呢？"

问题3：第一次划船失败的原因是什么？

情境1：大家迫不及待地把完成的小船搬到了水池边想要试一试，孩子们还去器械区找来了两根船桨，力力小朋友迫不及待地坐上了船，可是他怎么也划不动。

情境2：孩子们发现我们水池的水不够，水位太浅，力力小朋友体重太重了，船没有办法浮动划行，于是他们决定让个子小小的雨璇小朋友上船试试，结果船还是划不动。

教师的思考： 整个探究过程中，教师基本没有干涉。所有的问题都是孩子结合已有的生活经验自己发现的，材料筐中也有足够的材料支持孩子解决相关问题，教师只是偶尔提问引发孩子的观察和思考。看着孩子持续努力，尝试了多种方法却仍然没有进展，心情越来越沮丧，教师适时组织了一次讨论，孩子经过讨论和实验总结出了采用缠绕胶带的方法可以让船更结实。在这个环节，孩子频繁地摆放瓶子，缠绕瓶身，表现出了积极主动、坚持专注、迁移已有经验的思维品质，再一次体验了自主学习、主动探究的完整过程，并出现了更多的合作行为，发展了交往技能，更为接下来的做船打下了坚实的基础。

第五次探究：第二次造船

孩子吸取了之前失败的教训，对瓶子进行第二次拼摆，并在拼搭时发现了新的问题，孩子开始自主组织商量解决方法，尝试合作解决问题。

问题1：船体漏水怎么办？

问题2：船会晃来晃去，不平衡，怎么办？

倩倩："我们一起用手去戳一戳，检查船身的洞洞在哪里，再用胶带牢牢粘紧，多粘几层。"

力力："大家合作，我扶稳瓶子你们可以用胶带来固定，我要给小船做上围栏，洗衣液瓶子有个把手可以用来当扶手，坐上船上的时候就可以抓住不会摇晃了。"

第六次探究：加固船围栏

初步小船已成形，但孩子在划船时发现小船两旁的扶手很松动，很容易一动就脱落，这时教师适当提出问题让孩子思考解决。

问题：怎么才能让船围栏更加牢固不脱落？

城城："我们要用绳子把船底和围栏的把手捆绑在一起固定住。"

明楚："用胶枪把围栏底部紧紧粘在船体，要多弄一点胶才不容易脱落。"

浩宇："对，然后再用透明胶把船体和围栏紧紧粘在一起。"

小船经过孩子的三重加固围栏变得十分牢固，孩子已经迫不及待地把他们的"小船"搬到水池边。

倩倩："我们要提前把水池里的水接多一些，将水放到合适的水位，这样应该不会像上次那样划不动了。"

最后我们的小船制作成功啦！

教师的思考： 这次造船中，孩子通过不断的自主尝试，对原有知识、经验进行改造和重组，面对挑战和失败，大家并没有放弃，而是和同伴一起合作、商量、讨论、思考，调整方法，专注地去解决游戏中的困难，这使孩子在反复试错中培养了认真专注、不怕困难、敢于探究和尝试的良好学习品质。在游戏中，孩子的学习能力、解决问题的能力、社会交往等方面的能力得到全面发展，构建了一次有意义的学习之旅！

三、教师小结

《3—6岁儿童学习与发展指南》中明确指出，孩子的科学学习是在探究具体事物和解决实际问题中，尝试发现事物间的异同和联系的过程。核心是激发孩子探究兴趣，体验探究过程，发展初步的探究能力。孩子在“远航畅想记”游戏中的表现令人惊喜，从一开始的折纸船到主题确定、任务分组分工，到发现船底粘得不牢固时的及时调整，再到对船底散架的思考，以及遇到船身材料不合适时的果断更换等，都让我们看到孩子在活动中的独立自主思考、探究、默契合作以及面对挑战时积极想办法解决问题的良好品质。

（一）游戏中不断出现的问题，维持和推进了孩子的游戏兴趣

本次游戏主题是孩子在“远航畅想记”背景下自主交流生发的，教师及时抓住这个兴趣点，引导孩子大胆尝试。在讨论准备材料、实验材料、制作船的各个环节，教师充分尊重了孩子的意见和想法。在自由自主的活动环境下，既调动了孩子的积极性，又增强了孩子的自信心，激发了孩子更多的游戏灵感。孩子在游戏中的一句话、一个动作都能反映孩子以往经验以及对问题的思考。在整个造船过程中，教师始终关注游戏中出现的问题，及时评估孩子已有经验。例如，在胶枪粘贴后会容易脱落的时候，教师并没有直接告诉孩子正确的使用方法，这是促使孩子持续探索、合作的关键，因此，教师在观察孩子活动过程中着重引导孩子总结经验，解决实际问题。

（二）允许失败，教师应学会等待与欣赏

在本次游戏活动中，孩子在各个环节都出现过失败现象，这是不可避免的。孩子就是在不断尝试、不断失败后反思、调整、讨论，逐渐积累经验，从而建构对自己、对外部环境的认识的。在自主游戏中，只有允许孩子失败，孩

子才会毫无顾虑、有勇气地去探索、尝试并迎接挑战。

“远航畅想记”游戏中，教师了解孩子的发展特点，对孩子抱有合理的期望，允许孩子在游戏中犯错、失败，教师的等待与欣赏就是教师给孩子最大的支持。在教师的等待中，孩子会感受到教师对自己的信任、包容与被欣赏，会自然地对教师产生信任；同时，教师在等待中会发现孩子的能力、优势、发展潜质等，更容易创建和谐、平等、尊重的师幼关系。教师还要肯定孩子合作的行为，鼓励孩子用自己的方式解决问题。留给孩子自己尝试与探索的空间以及获得成功的机会。游戏中，当孩子多次黏合船身围栏仍未成功时，教师一直在旁边观察，并没有给予他们任何提示和指导。其实，只有给了孩子足够的空间和时间，让孩子在一次次的失败中去尝试和摸索，让孩子一次次地讨论和实践，才能让孩子最终在讨论、实践中找到解决问题的方法。从关注材料的选择到船只的设计，再到船底的组合，最后到船身的缠绕……孩子在活动中不断遇到各种问题，一步一步如同过关游戏，在游戏中不断探究新的技能，汲取新的知识。

（三）增进同伴交往，发展协商、合作能力

本次游戏活动对于孩子来说是一次必须合作的过程，凭一己之力是无法完成的。这是面对困难时的自然互助，是在共同的目标之中自然的拉手行为。不管是胶带粘贴瓶身时的默契合作，还是困惑时刻的出谋划策，都体现了孩子高水平的合作能力。这样的游戏，让孩子深刻地体会到团队共赢的力量，也体会到共同享受成功的欢乐。

（四）自主游戏追求的价值观是自信、自主、探索、合作

尊重幼儿游戏主导权，追求孩子主体性的发挥，教师需要后退，游戏时把选择权交给孩子，把发现和解决游戏中问题和纠纷的权利交给孩子，把合作游戏团体、合作规划和自主设计交给孩子，但是这并不表示教师就可以撒手不管，教师一直都是观察者，当孩子在游戏中遇到非常棘手的问题，甚至沮丧想要放弃时，教师应适时介入引导，或提出问题，促进孩子用已有的经验寻找出新的方向，或对孩子的思考给予点拨，给予孩子赞赏和鼓励，有效地支持和推进幼儿游戏的深入，增进同伴交往，发展孩子的协商、合作能力，使孩子获得更丰富的发展。

自主游戏的目的是使孩子敢想、敢干、能干、敢说、能说、会说、能学习、能提高，从而成就孩子全方位成长，“远航畅想记”的造船之旅，正是教师和孩子共同探索、共同学习、共同进步的旅程！

（本案例照片由韶关市武江区韶新幼儿园提供）

合作品快乐

好玩的篮球赛

南雄市机关幼儿园　廖秀兰　陈园园　刘　芬

一、游戏背景

（一）游戏缘起

我们班的孩子对于篮球这项活动一直都保持着浓厚的兴趣，在户外自选游戏中孩子也会主动选择篮球进行游戏，其中有几名孩子在篮球培训机构学习过打篮球，常会自发地凑在一起，模仿开展篮球赛，并按照篮球赛流程进行一场比赛。他们的游戏方式吸引了越来越多孩子的加入，有孩子向教师提出了要求：“我们能不能也真正地开展一场标准的篮球赛？”于是一场关于篮球的对决在我们班开展起来。

篮球赛

（二）游戏条件

环境准备：户外场地。

材料准备：篮球赛的资料、PPT、篮球、绘画材料、家长的一封信。

经验准备：孩子具有篮球运动的经验，了解篮球比赛基础规则。

（三）孩子的兴趣和前期经验

《幼儿园教育指导纲要（试行）》中明确指出，在游戏中，孩子可以直接感知、实际操作和亲身体验，从而获得直观的认识和经验。于是我借此机会让孩子和篮球亲密接触，让孩子在与篮球游戏的互动中学到知识，在游戏中思考、成长与发展。大班孩子对户外体育运动有着天生的兴趣和积极性，这让孩子能更加积极主动地参与到篮球比赛中。

二、游戏过程实录

（一）了解篮球赛规则

1. 孩子访谈

活动前让孩子在家长的帮助下收集篮球赛的相关的资料，并将相关知识带到幼儿园进行分享，让孩子交流彼此了解的信息。

华华：“打篮球要穿球衣，而且要有篮筐。”

小涵：“打篮球要有十个球员。”

浩浩：“要把球投进篮筐里。”

小林：“分两队，每队有五个人，两队都要穿不一样颜色和有数字的球衣。”

怡怡：“中场休息的时候还会有啦啦操的表演。”

我了解的篮球赛

教师的思考：从孩子收集的资料看，孩子了解到更多的是比较明显、简单的规则，对于一场合作类、对抗性的体育运动来说，孩子了解的这些内容太片面，无法支撑他们顺利完成一场真正的篮球赛。并且在活动中也只有部分孩子参与到了讨论当中，剩下的孩子则是在做自己的事情，如闲聊或者是游离于集体外。

2. 教学活动——观看篮球赛视频

教师选取了一场篮球赛中的几段视频，在孩子欣赏后请他们说说并记录他们看到了什么。

欣赏篮球赛

教师的思考： 在欣赏篮球赛视频的过程中，要让孩子了解和掌握篮球赛的规则以及运动形式，但是在观看中会出现有些孩子不感兴趣、注意力不集中等问题。并且在观看完篮球赛视频之后，由于时间有限以及教师数量有限，教师无法对孩子进行一对一指导，所以大多数都是以集体指导为主开展篮球比赛的赛前指导，所以效果并不理想。

3. 梳理发现问题与记录

孩子已经初步了解了篮球赛的规则，在此基础上，孩子自发组织儿童会议，共同梳理发现的问题，教师协助孩子进行记录。

教师记录

得分情况	1分球	2分球	3分球	
参赛人员	分为两队	每队有5人		
球赛中用到的动作	传球	拍球	运球	投球
裁判做的事	吹口哨	用手势提示	用语言提示	
比赛中用的牌	红色的牌子	白色的牌子		
时间	计时	计秒		

教师的思考： 教师查阅资料，发现一场篮球赛的规则非常复杂，对于大班孩子来说根本理解不了，一味注重了解球赛真正规则可能会影响孩子对篮球的兴趣，也会影响孩子参加本主题活动的积极性。因此教师将规则进行简化、梳

理和提炼，帮助孩子更好地理解记忆。另外，教师发现很多球赛的规则对孩子来说可能不太合适，需要调整，但在孩子没有亲身体验前，他们无法感知，所以活动中，教师并没有马上提出这个问题，而是留待孩子后续体验后发现。

（二）篮球预赛，制定规则

1. 篮球预赛

孩子组织了一场篮球预赛，并针对球赛情况进行了分析和讨论。他们对球赛中的人员角色、数量进行了分配。预赛之后，孩子发现篮球赛的很多规则并不适合他们，于是孩子展开了讨论，一起解决发现的问题。

篮球预赛

预赛前讨论

分析讨论

内容	孩子预设	讨论调整
服装	1. 两种颜色的衣服 2. 有号码牌 3. 准备防护装置	孩子认为球赛中可能会发生碰撞、摔跤，有可能会让身体受伤，需要做必要保护，于是有孩子提出了用轮滑时的保护装置。但是很快有孩子反驳。天气炎热，头盔戴着很闷热，会出很多汗，而且篮球赛需要跑、操控篮球，需要给手和脚最大的自由，护膝护肘的使用限制了手脚的活动。最终孩子提出的方案是运动时尽量避免发生碰撞，并穿上防滑的球鞋，运动中有任何不适及时和老师说
时间	上半场：20分钟。中场休息。下半场：20分钟	刚才的体验，孩子觉得时间太长，没有力气支撑到中场休息，孩子之间互相商量后，把每场的比赛时间从40分钟缩减为20分钟
队名	孩子设计了4个队名	面对不同的意见，有经验的孩子立马想到了解决措施，进行投票选择

2. 规则制定

篮球赛要顺利举行，离不开规则的制定，孩子根据自己的经验展开了讨论。但是活动中，只有一部分孩子积极参与讨论，剩下的孩子或者聊天，或者游离于集体外，并没有真正参与其中。

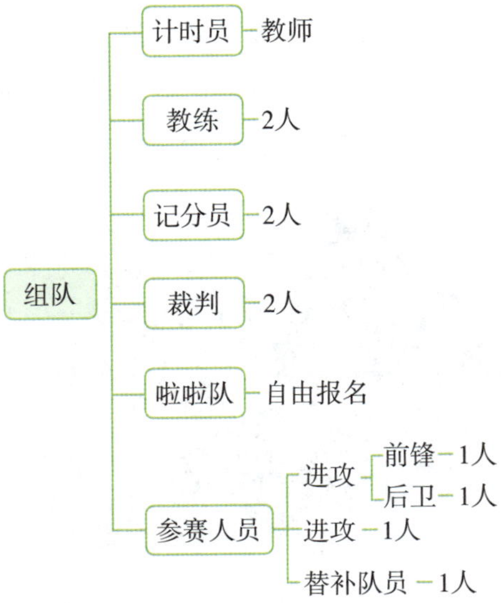

孩子预设

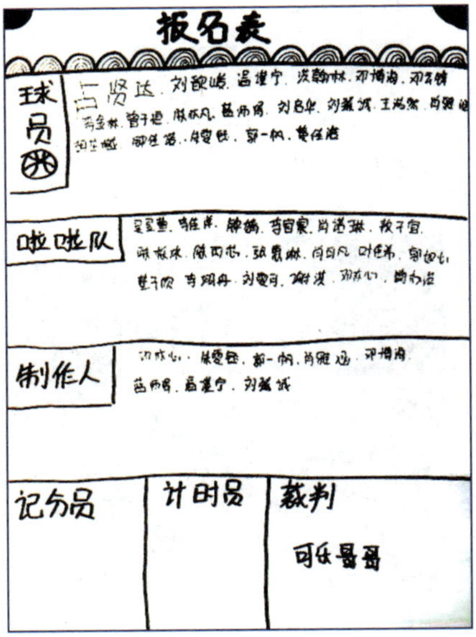

调整后

教师的思考： 既然是我们班开展的篮球赛，那么球赛规则自然要我们自己班的孩子来设计制定。但是活动中孩子的表现出现了两极分化，观察后发现，积极主动参与的都是报名参加了篮球队本身对篮球比赛这个活动非常感兴趣的孩子。而兴致不高的则基本都是报名参加了啦啦队或者制作组的孩子，他们的兴趣点并不在此。

（三）前期知识梳理

1. 篮球赛准备工作

由于报名篮球队的孩子已经超出规则内的人数，于是孩子商讨如何选出队长与球员，根据报名球员的孩子讨论，一致认为要每天都练习并能在练习项目中获胜的人才能当队长。为了此次活动，我和孩子一起规划了需要准备的工作，并逐一实施。

（1）教师将本次活动以一封信的形式告诉家长，让家长也参与到本次的活动中，给予孩子支持。

打卡练习

（2）教师帮助孩子对讨论结果进行梳理：

弹跳力、腿部力量	跳得高，可以把别人的投篮拦截下来；跑得快，帮助自己得球
反应能力	根据球场上每个队员的情况及时作出反应和正确的选择
手臂力量	力量大才能投得远，投得准
耐力	有了好的体能才能坚持打完一场球赛

（3）孩子根据自身需要练习的项目制作了练习表：

孩子绘制的练习表

（4）利用晨练和户外的时间进行练习，通过考核选出两队篮球队长和球员。

练习篮球

2. 分组推进活动

孩子利用分组推进的方式来分组进行活动，如啦啦队和道具组，除了参与篮球队的孩子，其余孩子自主选择参加啦啦队或者道具组。

（1）啦啦队

报名啦啦操的孩子与家长收集创编啦啦操舞蹈动作，根据自己设计的动作进行啦啦操舞蹈表演，由所有队员投票选出啦啦操队长。

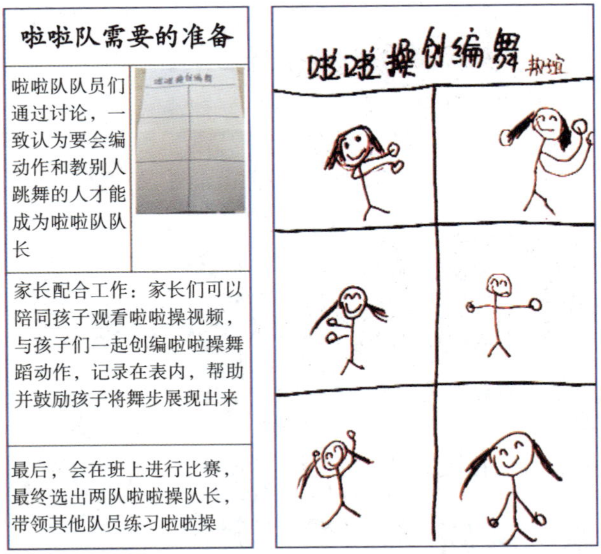

啦啦队准备

创编啦啦操动作

教师的思考： 在啦啦操选拔活动中，有一名男孩子权治也加入了，一个女孩儿很惊讶地说："啦啦操不是女孩子才能参加的吗？"权治的脸"唰"地涨得通红，支支吾吾地说："我喜欢跳舞。"一开始教师以为女孩们会去嘲笑男孩儿，正想进行引导与回应时，女孩们却都开开心心地拉着男孩儿加入了排练活动中。于是，教师找了很多男生跳啦啦操的视频与照片在班上与孩子分享，孩子都对跳啦啦操的男生发出赞叹。

（2）道具组

① 根据队名分小组合作制作队徽，再投票选出队徽。

设计队徽

② 通过集体活动，孩子明白了记分牌的作用与使用方法，开始设计记分牌。

设计记分牌

③ 制作邀请函，确定需要邀请的人，了解邀请函包含的内容，设计制作邀请函，送邀请函。

送邀请函

④ 分组制作海报，孩子自己选择需要的材料进行构图和分配。并在园内张贴海报，宣传本次篮球赛活动。

制作宣传海报

⑤ 通过讨论，孩子统一决定用轻黏土制作奖牌。

制作奖牌

⑥ 设计队服，孩子分为红蓝两队，并在队服上画上队徽。

制作队服

教师的思考： 以上的活动都是孩子个人操作和与同伴合作操作相结合而完成的，在这个过程中，孩子在发现自己的能力的同时，也感受到了合作的力量，这比教师简单的语言提示更有效果。

（四）篮球赛进行时

经过前期的准备，孩子对本次的篮球赛充满期待，大家都为迎接这场比赛做了充足的准备。

本次篮球5V5篮球决赛是在班级初赛选拔后进行的，每队选派5名选手参加比赛。在比赛现场，随着裁判员的哨响，小运动员们迅速全力投入比赛，双方队员你攻我守，传投配合，每个瞬间都充分发扬了团结合作、奋勇拼搏的精神。随着场内的呐喊声和助威声，比赛活动被推向了高潮。

比赛现场

教师的思考： 通过对篮球游戏的各种探索，孩子不但掌握了篮球技巧，还创造性地发现了更多新的玩法，孩子动作的协调性、灵活性以及运动技能得到了发展。并在游戏过程中体验到愉悦快乐的情绪，增强了孩子之间的团结合作。

三、教师小结

（一）活动价值——追随孩子，助推孩子发展

在整个篮球活动中，孩子不仅能够接触更广泛的篮球知识，还能在交流、锻炼、合作等多方面获得综合提升。

健康领域：在整个篮球活动中，通过对相关篮球技能的学习训练，孩子的

体能得到了良好的锻炼，使孩子得以协调身体，增强体质，提高身体素质。

语言领域：孩子在小组内相互的交流讨论，对相关篮球比赛规则、基础设施、人员分配等多种内容的讨论，成为培养孩子人际交往能力的途径。

社会领域：孩子在与小组内与其他孩子的交流中能够掌握与他人沟通交流、商量、协作的方法，知道如何在团队内相互配合，这让孩子逐渐形成良好的社交能力、组织能力。

科学领域：在学习记分牌的作用这一环节中，孩子对数的排序有了一定的了解，充分发展了形象思维。在篮球比赛中人员分配的过程中，孩子能够通过小组讨论在小组内进行人员自主分配。

艺术领域：在啦啦操排练和制作道具这些环节中，孩子通过舞蹈和绘画中获得美的感受和体验，能用自己的方式去表现美和创造美。

（二）生成教育契机——全员联动，促进综合素养发展

篮球运动包含有非常丰富的内容，涵盖了跑、跳、投等多种身体运动的形式，具有一定的运动强度并且还是一项具有竞争性的活动，同时还能够全面、有效地促进孩子综合素养、身体素养、人体机能的提升。所以开展此次“好玩的篮球赛”活动，不仅能够让孩子掌握更丰富的篮球知识与技能，更重要的是能够让孩子综合全面地发展，对孩子的身体、心理都能够起到良好的促进作用。

（三）结合孩子意愿，培养孩子特长，使孩子学会团队合作

本次活动根据孩子的兴趣及时进行了调整，并根据孩子的意愿将本主题名称定为“好玩的篮球赛”，为了这场球赛的顺利举行，孩子开展了一系列的活动。

孩子经过本次的比赛，懂得了团队合作的重要性，能发挥自己的特长在团队中找到自己喜欢做的事。在活动结束后，孩子对篮球赛依旧充满兴趣，在班上随时可见他们的谈论。通过家长的反映，发现孩子在本次的活动中收获的不仅是体能上的增强，还学会了与他人相互配合，又能主动想办法去解决困难的良好品质。

这场篮球赛已经在孩子的自主探索中完成了，但是我们的篮球梦还没有结束，接下来孩子正在筹备开展一场班与班之间的对抗篮球赛。孩子与同伴一起交流关于篮球的“那些事儿”的过程中，从认识篮球赛的初步特征之后逐渐延续到所有篮球的相关话题。这一场篮球赛可能并不是很符合标准，但是我们的标准都是由孩子自行制定的，这也是我们自主游戏的初衷——把游戏规则交给孩子制定，让孩子能够自主、自由、自发地进行游戏。

（本案例照片由南雄市机关幼儿园提供）

乐享轮胎

乳源瑶族自治县大桥镇中心幼儿园　颜晶晶　李东鸾　张金秀

一、游戏背景

有一天在晨谈的时候，有个孩子分享了自己假期去了广州，发现有很多的汽车，有大汽车也有小汽车，大汽车的轮胎很大，小汽车的轮胎很小。另一个孩子说他曾经见过轮胎爆胎，那会发出很大的声音，很危险，我们要远离大汽车。突然有个孩子提出如果汽车的轮胎爆胎了，那汽车轮胎会怎么处理呢？有的孩子就说丢进了垃圾桶，有的孩子说还可以把它回收起来利用。于是我提出了一个问题，爆了胎的轮胎可以用来做什么呢？孩子开始展开激烈的讨论。有的孩子说它是一个大大的圆形的好玩的玩具；有的孩子说，他可以在那上面跳来跳去；还有的孩子说，他可以踩在轮胎上走来走去。大家一听都哈哈大笑了起来，齐声说道："这不可能。"孩子一听，认真地说："我可以，而且我在马戏团里见过有小丑踩在一个圆形的钢圈上面走来走去。"我借机说道："不如我们一起来试试吧。"孩子开心又充满期待地连连点头，基于孩子对踩轮胎的兴趣，便产生了踩轮胎这个游戏。

二、游戏过程实录

（一）探索玩轮胎

孩子一开始每个人一个轮胎进行尝试，在孩子进行了跳、走、钻、滚等单一的玩法之后，教师引导道："还可以怎样玩才能更有趣呢？"文青马上说：

“老师快看我。”他马上坐进了轮胎，身体开始弯曲，然后再平躺，俨然一副仰卧起坐的姿势。然后我又问道：“这个仰卧起坐很有创意，你觉得还可以怎么玩才能更有趣呢？”他晃了晃头，眼睛一转，说：“还有这样。”然后他就爬起来，把轮胎竖起来钻进轮胎来回地转。我说：“非常棒！现在你还可以和你的朋友一起玩不同的花样了吗？”然后他就找到了亚文一起玩一人躺在轮胎上另一人拉的游戏。其他孩子看见了，也都开始尝试两两合作，站在轮胎上互相抱着，不让队友掉下去，还有互相推看谁先掉下去，或者两个小朋友坐在轮胎上用脚搭桥玩，还有一起坐进去拍手玩。接下来，我又说：“小朋友们还可以找更多的小朋友一起玩吗？”接着孩子开始自由组合然后一起玩，开始孩子只能摆一条简单的直线，后来渐渐地有了不一样的玩法，几个孩子围坐在一起玩了起来。在此次活动中，孩子主要锻炼了走、钻、爬、平衡等能力。后来，孩子将轮胎摞在一起使它们变成了堡垒。孩子带上玩具枪和自制手榴弹，两方对垒，玩得不亦乐乎。

开始探索玩轮胎

轮胎叠高高

更有趣的是，有一天孩子们又来到了轮胎堆，有个孩子提出，“我们把幼儿园里的木梯架在轮胎上来玩，想象成翻越高山好不好？我们这个游戏叫翻山越岭吧”。于是许多孩子加入了游戏。孩子们在轮胎上架起的木梯上爬呀爬，有的孩子为了保持身体平衡，不得不弯下腰来，趴在楼梯上匍匐前行，爬在前面的孩子还大声地说着：“加油呀，我们很快就可以爬过山顶啦！”

轮胎上架木梯

架木梯翻山越岭

教师的思考： 轮胎是以往是让孩子练习滚动的工具，而孩子往往滚动了几圈就失去兴趣去别的活动区玩了。我不禁思考：轮胎就这么不好玩吗？轮胎还可以怎么玩呢？如果我就把轮胎提供给孩子，不预设任何有关轮胎的游戏，小朋友会不会玩？他们会怎么玩？带着这样的疑问，我开始对玩轮胎的孩子进行观察，看他们是如何自取玩具并自主设计游戏的。通过观察我发现孩子在初次进行探索活动时，通常都是单个进行简单重复的探索。在教师的提问和鼓励下，孩子进行了多种创意玩法，还进行了两个人和多个人的合作。在这一时期同伴合作的游戏形式更能促进孩子相互学习，教师的介入也避免了孩子进行重复的低水平的游戏，提高了幼儿游戏的难度。在进行叠高轮胎加木梯这一孩子自创的游戏环节时，孩子锻炼了跳跃能力，培养了胆量，体会了运动的快乐。活动中，教师是观察者、支持者，应将主动权还给孩子。鼓励孩子自己思考，减少孩子的依赖性，培养孩子动脑思考的好习惯，从而有利于孩子独立性格的培养和合作意识的提升。

（二）探索如何站在轮胎上面

在这段视频中，我观察到孩子不停地尝试各种方法爬上轮胎。有的孩子是跪着爬上去的，有的是抱着轮胎慢慢爬上去的，总之尝试了很多种方法都不成功。因为不管孩子怎么爬轮胎，都始终无法保持轮胎的平衡。洋洋提出：“我们可以固定轮胎，然后让丽丽小朋友踩上去。”于是洋洋和佳林用一只手扶住轮胎，另外一只手扶住丽丽，很快丽丽就踩了上去。但还是没法直立站在轮胎上保持平衡。视频中我还观察到几个男孩子能踩上去了，其中涵涵开心地说：“你们看我踩上来了。”刚说完就掉了下来，涵涵还是很自豪地和大家分享他是如何踩上轮胎，他说道：“我扶住墙，然后踩上轮胎，再慢慢把手放开，可是我只走了几步就掉下来了。”晨心也很开心地跟大家分享着说：“我不是扶墙上去的，我是这样跑着用力跨上轮胎，然后再慢慢站起来，用脚带动轮胎动。”他一边说一边做，一下就站上去了，但也是走了几步就掉了下来。虽然经过几次尝试都失败了，但是孩子并没有放弃，而是在思考想什么办法踩上去。在一次次地尝试过后，终于，沐城的轮胎在脚下滚了起来！而他也在游戏分享环节为小朋友们传授了他的经验——站在轮胎时要张开双臂保持平衡，身体稍微前倾，调整好重心。

孩子探索出踩上轮胎的方法

好勇敢，我们踩在轮胎上

教师的思考：在孩子多次尝试失败时，我以为他们会放弃，或是会询问教师应该怎么办，但他们的表现出乎我的意料。整个探索过程中，孩子积极主动解决问题，具备了初步的安全和合作意识，也具备了发现问题和解决问题的能力。《幼儿园教育指导纲要（试行）》提出，要珍视游戏的独特价值，创设丰富的游戏环境。兴趣是孩子最好的老师，兴趣是学习的先导，兴趣是学习动机中最现实、最活跃的成分。在充满乐趣的气氛中，孩子会自然而然地使自己置身于学习探索的环境中，全神贯注，积极思考。我们应该最大限度地支持和满足孩子通过直接感知、实际操作和亲身体验获取经验的需要。本次活动之所以能很好地完成活动目标，我觉得大班孩子正处于具体形象思维阶段，而且抽象逻辑思维也在明显萌芽，采用直观教学正好符合孩子的年龄特点。因为，轮胎的具体形象不仅便于孩子能较快地认识轮胎，还可以想出轮胎的各种玩法，也能维持孩子的兴趣和注意力。再加上教师时而神秘、时而激励的语气引导，孩子在活动时就显得意犹未尽了，直到活动结束后，孩子还手舞足蹈地和同伴交流自己是怎么玩轮胎的，我下次还要玩！整个活动虽然没有花哨的环节，没有过多的道具，却让孩子玩得那么尽兴，我认为，只要教师用心，多多考虑孩子的需要，给予孩子大胆、自信的机会，哪怕是平淡简单的游戏亦能玩出精彩！

（三）轮胎会听我的话了

后来能站上轮胎的小朋友越来越多，于是他们就开始寻找自己上轮胎的方法。在不断探索、讨论和交流之后，他们找到了方法，就是在轮胎的底下放木质的长条积木，这样能够站上去了。可是同时轮胎也被固定住了，后来他们想到了合作。于是他们开始尝试让两个小朋友帮忙扶着轮胎，另一个就可以上去了。废旧轮胎在大人的眼里是废弃没用的东西，但在孩子的眼里却成了宝贝。只见浩文跑了几下，采用助跑加跨跳的方法，就很轻松地踩上轮胎并自由走了起来。“不错，将来长大了，你肯定是一名运动健将！反着走回来可以吗？”鑫鑫提出了有难度的建议。浩文回答说：“噢，我试试吧！”可他刚转身就掉了下来。于是浩文用刚刚的方法再试了一次身体不转身，用脚踩着轮胎前后走动，鑫鑫开心地大声说：“我在马戏团里见过有小丑就是这样踩着走的。”孩子围着浩文欢呼着，这次游戏在孩子的欢声笑语中结束了。

本次活动发展了孩子的创造性思维，培养了孩子主动探索、发现和创造的能力，训练了孩子的协调性和灵敏性，使孩子在活动中能体验到愉悦的情绪以及团结合作带来的成就感。

大大的轮胎玩出新花样

相互帮助上轮胎

教师的思考： 在开展自主游戏的活动过程中，首先，要给予孩子充分的自主时间和空间，让其有充分的交流机会，能够通过同伴合作来解决问题，在经验分享中寻求方法。其次，整个活动过程即孩子发展的过程。孩子在探索中发现问题、分析问题、解决问题，教师要做的就是相信与支持孩子。最后，教师在观察过程中要做好记录，游戏后，鼓励孩子说玩法交流感受，提高游戏的兴趣。我虽然介入了游戏，但采用的是引导性的语言提示，让孩子自己思考、探索、解决问题，而不是直接告诉他们应该怎么做，这也体现出自主游戏是孩子的真游戏。

三、教师小结

陈鹤琴先生认为："小孩子是生来好动的，是以游戏为生命的。"游戏是儿童自发的行为，是孩子的基本权利，是孩子学习和生活的特有方式，是每个孩子与生俱来的本领。在孩子成长的过程中，游戏犹如空气、阳光和水，孕育孩子强健的体魄，温暖孩子纯洁的心灵，滋润孩子的个性。玩儿是孩子的天性，创造是孩子的本能。废旧的轮胎，在成人眼中用处不大，在孩子眼中却是最好的"玩伴"。不断创新的玩法让废旧轮胎已完全超越了它们原有的、单一的功能，见证着孩子在自主游戏过程中的每一步的变化与发展。孩子在游戏中用到了轮胎、木制积木、玩具枪支、自制手榴弹等。在我的游戏预设中，这些物品并没有任何关联。但是在孩子的眼中，任何材料都可以为他们的游戏服务。充分利用多种材料，方能促进孩子的发展。轮胎易于收集，富有可操作性、探索性，轮胎和长条积木的组合，引发了孩子的创意。在操作中，轮胎被开发出了不同的功能。整个过程发展了孩子的想象力和创造力。促进了孩子思维的灵活性和发散性。

通过"如何让轮胎滚起来？""轮胎还能怎么玩？"等问题，让孩子观察感知、亲身体验、动手操作，使孩子获得了丰富的经验。教师要相信孩子，支持孩子自主探索始终要以"孩子在前，教师在后"的理念引导孩子，准确定位自己的角色，相信孩子是有能力的学习者。游戏中教师没有过多地介入与干预，始终以观察者的身份给予孩子陪伴，孩子表现出自信、自主、自发的游戏状态，遇到问题，他们会自发地商讨并解决。遇到困难时，教师没有急于介入，而是通过提问来引导孩子做游戏计划，促使游戏深入开展。随着整个游戏的推进，下一阶段对材料进行补充和调整。根据孩子的游戏计划和需求，为其提供新材料，保持孩子的探究兴趣，满足孩子探索的需求，进一步提升孩子发现问题、解决问题的能力。

《3—6岁儿童学习与发展指南》中指出，孩子阶段是儿童身体发育和机能发展极为迅速的时期，也是形成安全感和乐观态度的重要阶段。发育良好的身体、愉快的情绪、强健的体质、协调的动作、良好的生活习惯和基本生活能力是孩子身心健康的重要标志，也是孩子进行其他领域学习与发展的基础。而操场边上的轮胎，虽然是生活中的废旧材料，但不仅环保而且能锻炼孩子多方面的综合能力，对于孩子动手动脑的创新能力都有很大的促进作用。在最早投放时孩子都很爱去“玩滚轮胎比赛”的游戏，但是随着时间的推移，孩子萌发出了新的轮胎玩法，有踩上去玩的，有双人合作踩上去玩的，还有可以在轮胎上前后左右走动的玩的，有了这些轮胎的创新玩法之后。孩子玩起轮胎就更有探索兴趣了。我在网上查阅了资料，也反省了之前的教育方式，之后更换了一种自由探索的方式，发挥孩子的想象力和创造力。让孩子自己去尝试玩法，制定规则，以多种方式尝试着玩，加入新的材料进行新的游戏。最后孩子分组分工自主选择材料，自主搭建，不仅自己玩，还邀请小弟弟小妹妹们一起玩。众所周知孩子都是好奇宝宝，他们天性喜欢奔跑、模仿。在游戏中，孩子的兴趣非常高，认真快乐地探索怎么玩踩轮胎，他们在玩中不断地摸索着新的玩法，在整个过程中，他们的思维不断地运作，并做出相应的动作，也能维持兴趣、注意力。游戏结束之后，孩子用自己的方式将轮胎送至指定位置，有滚动的，有两人一起抬的，培养了孩子物归原处的好习惯。这样的活动让孩子学会了合作，懂得了谦让守秩序，体验了创造性游戏带来的快乐！

关于我的轮胎游戏故事

（本案例照片由韶关市乳源瑶族自治县大桥镇中心幼儿园提供）

云边有家小市集

南雄市机关幼儿园　廖秀兰　陈园园　黄　译

一、游戏背景

《幼儿园教育指导纲要（试行）》中指出："幼儿园应多为孩子提供自由交往和游戏的机会，鼓励他们自主选择、自由结伴开展活动。"在进行区域活动时，区域内的材料是有限的，需要小朋友不断去发掘新的玩法，制定新规则。虽然这些材料看似简单，但在孩子眼中它们却有着无尽的变化，正是这样，才有了孩子接下来的活动。

孩子交换图书

在一次偶然中，教师听见了这样的对话。

桐桐："我想看你手上的这本书，你可以跟我交换吗？"

大治："好啊！"

晓希："我觉得这些书都不好看了，你们觉得呢？我们要不要试一试和别人交换图书。"

淘淘："我家里还有好多我看完的图书，我也想带过来跟大家交换。"

教师："那你们可以把家里的图书带来幼儿园跟其他小朋友交换阅读。"

就这样，以"交换"为源头的探究之旅开始了。

（一）游戏准备

环境准备：大一班课室、户外。

材料准备：自制宣传海报、自制规则牌、集赞卡、印章、玩具（募捐获得）。

经验准备：孩子具有购物、兑换礼品、交换等经验，了解以物换物的规则。

（二）孩子的兴趣和前期经验

教育专家孙瑞雪曾经提到过：孩子的人际关系就是从一对一交换玩具和事物开始的，寻找到相同情趣的朋友开始相互依恋。孩子在2—5岁，便会出现人际关系敏感期。他们迫切想要有属于自己的朋友，如果孩子愿意分享自己的物品，说明他们正在尝试着与别人相处。

在平时的交往中，大多数孩子愿意将自己的物品与他人分享，如区域内图书缺乏，孩子便将家中闲置的图书带来幼儿园共享；自己心爱的玩具愿意与他人一起玩；可以和大家分享零食；等等。这都足以证明孩子人际交往的能力在不断提升，并且在此过程中去自我化。

二、游戏过程实录

（一）规则的制定

在前一天商量之后，有很多孩子带来了图书进行交换观看，与此同时，孩子又发现了新问题。

图书分享

淘淘说：“交换的时候，很多人为了拿到自己想要的书籍，都想冲在最前面，课室里面乱糟糟的，我们的交换游戏需要制定规则，告诉大家该怎么交换。”大家都很赞同他的说法，纷纷把自己的想法说了出来。

桐桐说：“我该怎么制定规则呢？”

晓希说：“我不会写字啊！”

淘淘说：“可以用图案表示，画出来。”

豆豆：“除了图书我家里还有其他的玩具，我也要带过来交换回去玩。”

懿懿：“我和爸爸妈妈去商场换礼物的时候，售货员会给我们盖一个章，我觉得我们交换玩具后也可以盖一个章。”

于是大家根据自己的想法制定出自己认为最适合的活动规则。

制定规则

芃芃：“我制定的规则是：①要排队；②拿玩具；③把玩具放书包；④把书包放到书包柜。”

柳家：“①小朋友要排好队；②盖章；③拿玩具交换；④放回书包。”

孩子将自己制定的规则向大家展示，选择出最合理的规则，并说出了自己的原因。最后确定活动的规则。

交换规则：

（1）大家自愿将家中闲置的玩具带来交换。

（2）玩具须完好无缺。

（3）排队等待，一个一个交换。

设计规则图

（4）交换后，记得在集赞卡上盖章。

每一条规则，通过讨论，投票择出合理的规则，其中集赞卡盖章，就是孩子提出的奖励机制，吸引孩子参与游戏，每一次交换后都可盖一个章，集满五个以后可以兑换礼品。大家还为此设计了集赞卡，大家一起投票选择了最漂亮、最受欢迎的集赞卡作为最终的集赞卡。

投 票

教师的思考： 图书的交换引起了规则的制定，孩子将他们已有的经验与活动相结合，在活动中能够出主意、想办法，同伴之间分工合作，看似简单的规则制定，在同伴的相互配合产生了不同的内容，孩子知道把在活动中遇到的各种问题都提前制定好规则。孩子已经具备了很强的规则意识。

（二）班级里的交换活动

经过上一轮讨论，第二天有很多孩子都带来了自己的闲置图书与玩具，自行交换图书与玩具。

交换图书或玩具

调整策略：在交换游戏的过程中，小罗发现他的集赞卡很容易破，而且放在书包里面皱巴巴的。于是小罗将问题提了出来，针对这个问题，孩子又开启了新一轮的讨论。

小罗说："用A4纸画的集赞卡非常容易坏，不易保存，可是怎么才能做出易保存的集赞卡呢？我们还可以使用其他什么材料的纸来制作呢？”

大家根据小罗的思路，开始了各种尝试：用平时常用的卡纸、瓦楞纸来制作集赞卡，但发现都不是很容易保存。还尝试了过塑，但是过塑之后的集赞卡不能盖章。当天小罗去逛超市时，拿到了超市的宣传单，就来问老师，我们是不是也可以找广告公司制作。

教师：“我们可以自己定制集赞卡，将我们的图片发给广告公司，由他们制作，这样集赞卡就会又漂亮又好保存了。”

家家：“哇，太好了！那我们能不能多做一点集赞卡，邀请更多的小朋友参与我们的游戏？”

教师：“可以啊，那你们怎么去邀请他们呢？还有一个问题就是，我们的玩具没有那么多啊，而且课室太小了，怎么容纳那么多小朋友呢？”

豆豆：“那我们做一个海报，向大家宣传我们的活动，邀请大家一起参与，还可以向他们募捐玩具呢！”

孩子讨论完以后，开始商量具体的宣传方法，并很快进行任务分配。

制作宣传海报

（三）一起搭建"小市集"

为搭建一个小市集，需要做的事情可太多了，刚开始几个孩子像无头苍蝇一样，一会做这个，一会做那个，效率特别低。小市集搭建不成，游戏似乎就无法进行下去了。在教师的引导下，大家一起观看了类似活动的组织视频，观看视频后大家分配好任务，有的做宣传，有的做布置，有的收集玩具。这样既有效率又井然有序。果然，有了目标以后，问题就好解决多了。

豆豆和家家来到小班、中班、大班，宣传交换活动。

宣传交换活动

豆豆："弟弟妹妹们好，我是大一班的小朋友，我们班正在举行交换游戏活动，想邀请你们一起参加我们的活动！你们愿意参加吗？"

家家："如果你们愿意的话，可以把你们的玩具带过来，需要带干净、可以玩的玩具，要是玩具已经坏了，就不能带过来交换啦。"

小、中班孩子听了活动以后都非常激动，纷纷表示要参加。

教师的思考： 孩子的每一次尝试都是对已有经验的挑战，也是构建新的认知经验的过程。整个游戏过程中，豆豆一直不断尝试，但是进展还是很慢，因为他们没有明确的分工，每个人不知道自己的任务到底是什么，如果一直没有突破口的话，孩子对于此项活动就会失去兴趣。

（四）物品交换自主游戏

宣传之后，孩子收集到了很多小朋友捐赠的玩具，有了这么多玩具，就可以布置更大的交换市集。希希提议：“我们可以将户外的图书角作为我们作为交换物品的场地。”最终我们在取得园领导的同意后把原来的图书角的位置改成我们的小市集，孩子和教师一起把场地布置好。布置场地后就可以邀请其他朋友来交换他们闲置的玩具了。

布置场地

交换活动

交换的这一天，大一班的孩子来到小市集，他们已经提前分好工，有的维护秩序，有的去班级里组织学弟学妹，有的帮助小朋友拿玩具，有的盖章，忙得不亦乐乎。

最后我们一起给我们的小市集取了一个好听的名字——“云边有家小市集”。这个由大一班小朋友组织起来的自主游戏活动，现已成了我园小朋友最喜欢的一项活动了，为了使这个自主游戏活动能一直延续下去，我们决定将每月的5号、15号、25号作为小市集营业的时间。现在此活动已经在我园开展了一年了，越来越多的孩子都参与了进来，家长也对我们的这个活动表示支持。我们也会将把这个给予孩子自由交往、交换的空间一直保留下来，一起来看看小市集未来的模样吧！

教师的思考：此次活动落实了以孩子为主体的指导思想，整个活动由孩子发起、实施，到最后形成我园的一个常态化的自主游戏活动。在整个活动开展中，教师主要以平行指导的方式，以伙伴的身份给予孩子适宜的引导。教师要学会欣赏、理解孩子的独特想法，尊重孩子每一次的探索体验。每个孩子都有自主探索的权利以及不同的探索方法，每个孩子都能在游戏中获得不同的“发现”与“经验”，而教师只需要做好孩子的支持者。

“云边有家小市集”

三、教师小结与反思

（一）活动价值——追随孩子，助推孩子发展

在整个活动中，孩子在不断地尝试中，实现着各个领域的全面发展。

健康领域：自制集赞卡与布置场地的活动，发展了孩子良好的身体、愉快的情绪、强健的体质、协调的动作、良好的生活习惯，有效地促进了孩子的身心健康发展。

语言领域：在活动的探讨环节和宣传环节中，孩子在运用语言进行交流的同时，也在发展着人际交往能力、理解他人和判断交往情境的能力，以及组织自己思想的能力。这也为孩子创设了一个自由、宽松的语言交往环境，让孩子想说、敢说、喜欢说并能得到积极回应。

社会领域：此次活动让孩子在人际交往方面得到了很大的发展，孩子在与成人和同伴交往的过程中，不仅学习了如何与人友好相处，也在学习如何看待自己、对待他人，不断发展适应社会生活的能力。孩子在良好的游戏环境中学会了遵守规则，对集体形成基本的认同感和归属感。

科学领域：活动的设计集赞卡环节让孩子在对自然事物的探究和运用数学解决实际生活问题的过程中，不仅获得了丰富的感性经验，充分发展了形象思维，而且初步尝试了归类、排序、判断、推理四维方法，逐步发展了逻辑思维能力，为孩子在其他领域的深入学习奠定基础。

艺术领域：在制作宣传海报这一环节中，游戏充分为孩子创造条件和机会，让孩子在社会文化生活中萌发对美的感受和体验，丰富了孩子的想象力和创造力，引导孩子学会用心灵去感受和发现美，并让孩子能用自己的方式去表现和创造美。

（二）生成教育契机——全员联动，度过社交敏感期

3—6岁的孩子正处于社交敏感期。社交是孩子成长和发展过程中一个很重要的需求，将为孩子成人以后奠定非常重要的基础。很多成人以为，孩子生活在一个集体环境中，就自然学会了人际关系。事实不是这样的，真正的关系是在跟某个人产生连接的过程中发生的。分享是个人和他人和谐交往的基础，分享不仅仅是让别人来分享自己的快乐和成功，还应去分享别人快乐的情感。分享是一种重要的社会行为，也被我们视为一种美德，在孩子的发展过程中，分享行为具有十分重要的意义。现代社会许多孩子都以自我为中心、独占性强。而交换与分享是孩子人际关系的开端，是孩子极有意义的学习过程和学习方式。在游戏募捐与交换中，孩子通过活动更加主观地体验分享与交换这一行为，但孩子之间经常会出现“不等价交换”，比如，一个洋娃娃换一个螺丝钉，一个电子玩具车换一个破旧的图画书。由于物品的价值不同，有贵有便宜，一些父母对孩子的“不等价交换”的行为产生了质疑。由此，在交换前期，教师也给孩子与家长进行一定的教育：①不要以大人的成见看待孩子的交换行为；②告诉孩子交换后不后悔；③鼓励孩子进行交换和赠送。

（三）教师的分析与反思

《儿童权利公约》指出：“儿童就是儿童，是成长的个体，有其特有的心理运转规律和心智发展固有的自发活动。儿童逐步达到成人的状态不是仅听取一套固有的知识和道德，而是必须通过儿童个人的努力和亲身经验才能学习和理解。”爱玩是孩子的天性，孩子玩的过程就是其学习的过程。孩子在玩的过程中能够自由、快乐地学习和探索。孩子在交换的过程中能遵守交换的规则，并且在此过程中思考交换的合理性。

1. 自发生成，自主探究

孩子在一次区域活动中引发了此次交换活动，开始时，因为区域中的书籍看腻了，孩子在区域内表现得很无聊，并且对区域活动不感兴趣，因此引发了交换游戏，由孩子发现兴趣，并展开游戏，自发地形成交换游戏，孩子自主选择计划分工，并且遇到困难能够坚持思考解决办法，不轻易放弃，在游戏中自主探究，主导属于自己的游戏。

2. 教师的支持助推游戏继续开展

活动中，教师为孩子创设良好的游戏环境，教师支持孩子的交换活动；孩子通过自己的努力成功后，教师给予鼓励、赞赏，并给予孩子足够的支持。在集赞卡出现不易保存、易破、易皱等问题时，教师及时介入，引导孩子发现问题所在，使幼儿游戏继续，并且游戏热情高涨，游戏范围也扩大到中小班。教师的介入起到支持、引领的作用，促使孩子与同伴之间积极交流互动。

（本案例照片由南雄市机关幼儿园提供）